走进千年

辽上京

刘喜民 刘浩然 著

内蒙古人民出版社
内蒙古出版集团

图书在版编目(CIP)数据

走进千年辽上京 ：全3册 / 刘喜民，刘浩然著.
--呼和浩特 ：内蒙古人民出版社，2014.1
ISBN 978-7-204-12692-7

Ⅰ.①走… Ⅱ.①刘… ②刘… Ⅲ.①中国历史
—辽代—通俗读物 Ⅳ.①K246.109

中国版本图书馆CIP数据核字(2013)第313154号

走进千年辽上京

作　　者　刘喜民　刘浩然
选题策划　马东源
责任编辑　马燕茹　王　静　樊志强　李向东
封面设计　那日苏
出版发行　内蒙古出版集团　内蒙古人民出版社
地　　址　呼和浩特市新城区新华大街祥泰大厦
网　　址　http：//www.nmgrmcbs.com
印　　刷　内蒙古爱信达教育印务有限责任公司
开　　本　810×1050 1/16
印　　张　30.75
字　　数　689千
版　　次　2014年6月第1版
印　　次　2014年6月第1次印刷
印　　数　1—4000 套
书　　号　ISBN 978-7-204-12692-7/ K•360
定　　价　118.00元（上、中、下）

遼上京

丁弦之书

馬繼武印

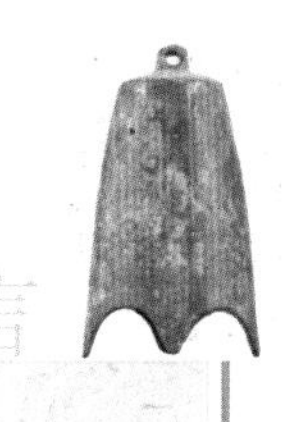

前 言

公元十世纪，契丹民族崛起于我国北方，建立了中国历史上与五代、北宋相始终的契丹辽王朝，创造了举世瞩目的契丹辽文化。但是，随着契丹辽王朝的灭亡，这个对中华民族、中华国家、中华文化和人类文明有着巨大贡献的伟大民族却神秘地消失了，契丹辽文化也逐渐被历史的长河所湮没，成为史学上的一个千古之谜。历代史学家为了揭开这个谜底，进行了不懈地研究和探索。时至今日，大量的考古发现终于使尘封千年的契丹辽文化逐渐撩开神秘面纱，重新展现在世人面前。

概而言之，契丹辽文化是以中原文化与草原文化、农耕文化与游牧文化相融合为主而形成的一种多元文化。不过，文化是一个非常广泛的概念，要想全面了解和研究契丹辽文化，还应该走进它的发源地——辽上京。

有辽一代建有五京，上京是首都。上京城自公元 918 年建筑至公元 1120 年被金兵攻陷，作为契丹辽王朝首都共计 202 年。这里不仅是契丹辽王朝政治、经济、文化、宗教中心，是契丹辽王朝九帝后及高官显贵们生活和工作之地，同时也是契丹辽王朝耶律氏皇族的祖籍，肇兴开国昌盛之地。从辽太祖阿保机七世祖耶律雅里算起，至其九世孙辽天祚帝耶律延禧被金兵俘虏，契丹辽王朝灭亡的 400 余年时间里，辽上京是辽太祖家族十六代人繁衍生息的地方，留下了诸多以辽帝后、皇族外戚、高官显贵为主的契丹及汉、渤海人的痕迹和记忆，由此奠定了辽上京作为契丹辽文化发源地的历史地位。

从史学研究角度，辽上京是契丹辽王朝的首都，是一座都城；从大众传媒角度，辽上京泛指今巴林左旗。本书即是从大众传媒角度，以辽上京主要山脉河流，辽代古城遗址、建筑、墓葬及辽王朝帝、后和主要人物等为切入点，融山川河流，辽代建筑、遗址、人物、考古及辽王朝政治、经济、文化、外交、宗教、人文地理、历史事件等于一体，用现代语言、今人视角叙述契丹辽王朝建立者辽太祖阿保机家族祖籍地、发祥地，辽上京名称演变、契丹建国情况及发生在辽上京的历史事件、生活和工作在辽

上京的主要人物事迹，将一千多年前契丹人在辽上京的故事展现在读者面前，进而诠释辽上京之契丹辽代历史文化内涵。

本书将考古与历史故事、人物事迹等融为一体，是一本通俗性的历史读物，为了增强可读性和趣味性，根据各章节内容相应地配印了有关图片，意在让更多的人或契丹辽文化爱好者了解更多的辽上京之契丹辽代历史文化。

作者并非契丹辽史专家，只是出于对契丹辽史及家乡历史的一种爱好，而涉足契丹辽文化这一领域，充其量是一个“草根研究者”。本书的一些观点有些是借助了前人的研究成果，有些是作者多年阅读《辽史》的心得。由于契丹人给世人留下的资料非常匮乏，许多问题缺乏足够的证据加以说明，因此本书的一些观点带有推论的性质。当然，这些推论是建立在作者对《辽史》理解的基础之上，并非凭空想象。即便如此，也难免有错误之处，敬请读者指教。

作者

2013 年 3 月 20 日于辽上京

目录

·第六章·寺塔【79】

·第七章·墓葬【95】

第五章 上京城里建筑与故事

上京城里建筑与故事

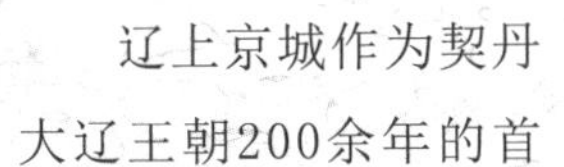

辽上京城作为契丹大辽王朝200余年的首都，是当时东北亚最大的国际性大都市。城内自然少不了富丽堂皇的建筑，如同草原上的每一座山、每一条河都有一个故事一样，辽上京城里的每一座建筑也都有一个故事。

一、天雄寺

根据《辽史》记载，辽上京皇城（即辽上京北城）内至少有6座寺院，即辽太祖所建天雄寺、安国寺，辽承天皇后萧燕燕所建崇孝寺，还有开国皇后述律平断腕的节义寺、贝圣尼寺及龙寺等。在众多的寺院之中，天雄寺以其独特的历史价值傲视群寺。

在封建社会里，宗教往往与政治捆绑在一起，成为统治者统治人民的工具，辽王朝的统治者们自然也不例外，辽太祖阿保机及其妻子述律平就是这方面的高手。

契丹与我国北方游牧民族一样，最先信奉的宗教是原始的萨满教。所谓萨满教，是一种由人而成萨满扮演主要角色的宗教形态，萨满以异常的精神状态，与超自然直接沟通，完成萨满的职能。通俗一点讲，萨满是人与神之间的中介者，可以把人的祈求转达给神，把神的旨意传达给人。再通俗一点说，萨满是封建社会里的巫师，是当今社会上的“大仙”、“跳大神”一类的人物，通过跳神活动来完成人与神之间的沟通。

萨满教起源于母系氏族社会，基本内容是祖先崇拜、鬼神崇拜、自然力和自然物崇拜，对自然力的最高崇拜是天与地，认为一切万物都是天与地赐予的，一切活动都是天意使然。很显然，这种宗教是人们对自然界认识能力低下的产物。因此，也往往被统治者们所利用，用以神化自己，为攫取领导权和维护统治地位造势。辽太祖阿保机和其妻子述律平在攫取汗权过程中就充分利用了萨满教。

《辽史》中明确记载了阿保机和妻子述律平的几个神化故事。一是神化出生，说阿保机的母亲曾梦日堕怀中，然后有孕，待阿保机出生时，帐内有神光异香，体如三岁儿，落地就会爬行，三个月就会走路，百天就会说话，身边有神人翼卫，能够预测未来的事情；二是“青牛妪曾避路”，说述律平曾到潢河与土河交汇处出游，有

天雄寺遗处有首石刻观音像

一女子驾青牛车路过这里，见到述律平后马上就避开了；三是“龙锡金佩”，说阿保机有一个叫铎骨札的从兄帐前有蛇鸣叫，阿保机命懂蛇语的萨满去解蛇语，萨满说蛇说旁边的树中有金，派人取之果得金，阿保机遂用这块金子作成一条腰带，取名为“龙（蛇）锡（赐）金佩”，佩戴在身上。

无首石刻观音像

射柳祈雨的瑟瑟仪

遭遇旱灾时，皇帝亲自参加的一种祈雨仪式，以期天降甘霖。据《辽史》记载，在久旱之时，在旷野设置一座百柱天棚。举行瑟瑟仪的时候，皇帝先祭奠、跪拜列祖列宗的御容，然后命大臣射柳。《辽史·礼志一》记载，“中柳者质志柳者冠服，不中者以冠服质之。不胜者进饮于胜者，然后各归其冠服。”其后，在天棚东南方向种植柳树。皇帝携皇后祭拜东方。祭拜完毕后，再让皇族子弟射柳。

以上这些记载显然都是阿保机夫妻为了神化自己而编纂的故事，目的是宣传夫妻两人是“神”，从而为攫取汗权造势。不仅如此，辽太祖在攫取汗权后，便给自己上尊号曰天皇帝，给妻子述律平上尊号曰地皇后，而天与地是契丹人对自然界的最高崇拜，夫妻两人一个占“天”，一个占“地”，从而把自己装扮成契丹人对自然界的最高崇拜神——天神与地神。

不过，萨满教是多神崇拜，不同的部落甚至是不同的家族都有各自所崇拜的神，不利于统治者统一人们的思想。因此，阿保机攫取契丹汗权后开始大力宣传佛教，以巩固自己的汗权。

佛教是唐末随着汉人进入契丹社会的，其教义与萨满教差不多，但其完整的天堂地狱之说，更容易麻痹人们的思想。因此，往往成为统治者用以统治人们的工具。阿保机自然也不例外，他担任迭剌部酋长（夷离堇）的第二年（902年），在潢河与土河交汇处建筑龙化州城的同时，便在城内建筑了开教寺，开始在契丹社会传播佛教；担任契丹可汗的第六年（912年），即平息诸弟

仿真石刻观音像

第二次图谋汗权的过程中，又在西楼建筑了天雄寺。不过，阿保机建筑天雄寺，不仅仅是为了在西楼地区传播佛教，更主要的是为了宣传“天命”思想，为自己仿效中原封建帝制开国称帝造势。

关于天雄寺，《辽史·本纪》记载“是岁（912年），以兵讨两冶，以所获僧崇文等五十人归西楼，建天雄寺以居之，以示天助雄武”。《辽史·地理志》记载“又于城（皇都城）东南隅建天雄寺，奉安烈考宣简皇帝（阿保机父亲）遗像”。

这些史料反映了这样的信息：天雄寺位于辽上京皇城东南隅，建于912年，是专门为崇文等50名僧人所建，寺内塑有阿保机父亲撒剌的遗像。

众所周知，寺院是供奉佛祖塑像、僧人念经和善男信女烧香拜佛、祈祷，许愿、还愿的场所，供奉的都是与佛教有关的东西，阿保机把自己父亲的塑像供奉其中，说明阿保机建筑天雄寺并不仅仅是为了宣传佛教，而是想进一步来神化自己。

佛，是觉悟者的意思，是大智、大悲、大能的人。换句话说，佛是指现实社会中达到最圆满境界的人。但是，在现实生活中，能够真正理解“佛”的本意的人并不多，更多的人把佛与神等同起来，认为佛就是神。

阿保机把父亲的塑像供奉于天雄寺，用意很明显，那就是自己的父亲与佛一样是神，父亲是神，他自然就是神的儿子，亦即是“真龙天子”。

这样神化自己，契丹人相信吗？答案是肯定

辽代古盒

辽墓壁画《奏乐图》(敖汉旗出土)

的。契丹人对自然界的最高崇拜是天与地，表现在人类社会，则是对英雄人物的崇拜，视英雄人物为“神”。当然，并不是所有的人都能够神化自己，只有那些能力超强的人，那些被人们视为英雄的人，才有条件神化自己。阿保机率领契丹八部兵马东征西讨，战功卓越，威震诸部，被契丹人视为英雄，从而具备了神化自己的条件。总之，阿保机建筑天雄寺不仅仅单纯地是为了宣传佛教，而且还有更深层次的用意——神化自己。

天难寺仅在《辽史·本纪》中一见，或说明天雄寺一名只称呼于太祖朝，随着契丹国家的建立和耶律氏皇（汗）权的巩固，天雄寺神化阿保机的使命也随之完成，遂变成了阿保机父亲撒剌的的庙宇，亦即阿保机家族的祖庙——宣简皇帝庙。

辽统和元年（983年）9月，辽圣宗“庚申，谒宣简皇帝庙。辛酉，幸祖州，谒祖陵。壬戌，还上京。”这里的宣简皇帝即辽太祖阿保机父亲撒剌的，宣简皇帝庙即阿保机父亲的庙宇，说明辽代建有宣简皇帝庙。虽然从上文所记载辽圣宗的行程上来看，他第一天拜谒宣简皇帝庙，第二天又到祖州谒祖陵，第三天返回上京，所“谒宣简皇帝庙”不一定在上京城里，而是在距离祖州、祖陵不到一天的路程内，但如同辽王朝建有多处太祖庙一样，宣简皇帝庙也不可能只有一处，上京城内既然建有太祖庙，肯定也建有宣简皇帝庙，而上京城内的宣简皇帝庙，极有可能就是天雄寺。

上京皇城内寺庙众多，只有天雄寺为世人留下了一尊佛像。辽上京城建筑于辽神册三年（918年），历经千年风雨，时至今日，汉城（即辽上京南城）已经湮灭，皇城（即辽上京北城）也成废墟，城墙残缺不全

辽代木板画《门神图》

丝绸之路上的契丹

契丹与中亚、西亚诸国的联系离不开丝绸之路。契丹与西亚的联系，是通过当时的萨曼王朝与伽色尼王朝来实现的。1006年，沙洲敦煌王曹寿遣使向大食国进贡马匹及美玉。从此，契丹和大食逐渐建立了联系。1020年，大食遣使进贡大象和方册，并且为王子求婚。次年，大食国王再次遣使契丹请婚。其后，契丹和西亚诸国的来往愈加密切，建立了顺畅的往来渠道，使契丹辽文化在中亚、西亚得到了迅速的传播。丝绸之路从而再次成为东西进行经济文化交流的重要通道。

辽代迦陵频伽纹铜镜

不说，城内也变成了沙地一片，只在皇城遗址的东南隅孤零零地站立着一个无首石人，这里便是天雄寺所在。

关于无首石人，有的辽史研究者认为是阿保机父亲塑像，依据就是《辽史》中明确记载天雄寺中供奉着阿保机父亲的塑像；有的辽史研究者认为是观音菩萨像。从无首石人的雕刻形态来看，应该是后者。

无首石人像残高3.6米，根据上世纪三十年代日本人鸟居龙藏拍摄的有首石人（1954年6月，石人首被打掉）照片及实物观察，石人长脸高冠，颈饰璎珞，双手横于胸前，手已残缺，似双手捧有宝瓶，身着薄衣、绦带，带尾垂于足上，双脚赤足分别踏于莲花之上，与现实中人们经常见到的观音菩萨塑像特征很相似，应是天雄寺内观音菩萨塑像。

2007年巴林左旗文化部门为了保护无首石人像，将其移到巴林左旗辽上京博物馆内保存，2008年塑造了一尊仿真有首石人像放置在无首石人处。

二、开皇殿

根据《辽史》记载，辽上京皇城分内外两城，内城即大内至少有开皇、五鸾、安德、宣政、昭德等5座大型宫殿。其中，开皇殿是在明王楼的废墟上建筑起来的，是辽上京地区的早期建筑，也是皇城内最辉煌、最庞大的核心建筑。开皇殿的建筑既与诸弟叛乱有直接的关系，同时也是阿保机仿效中原封建帝制建立国家思想的具体实践。

阿保机虽然通过契丹原始的萨满教来神化自己，通过建筑寺庙来宣传佛教，向民众灌输“天命”思想，为他不履行“可汗三年一代”祖制大造舆论及为其开国称帝提供“理论依据”。但是，契丹传统的“酋长议事”、“可汗三年一代”祖制已经实行了数百年，在契丹人思想里根深蒂固，特别是诸显贵们从心里不愿意放弃攫取汗权的机会。因此，他们见阿保机抓住汗权不放，也不履行“可汗三年一代”祖制，便开始起

耶律俨与《皇朝实录》

耶律俨，字若思，本姓李，后赐姓耶律，喜欢读书，咸雍年间中进士，后历任将作少监、少府少监、大理少卿、大理卿和景州刺等史。辽道宗晚年，昏庸不理政事，竟然用掷骰子的方式选择任用官员。耶律俨在这一“活动”中胜出，升迁为知枢密院事，封越国公。耶律俨对辽代史学方面最大的贡献就是依据辽代历朝实录，修撰了《皇朝实录》。全书70卷，因为是依据历朝实录修撰而成，记事条理清晰、准确明了，成为后来元朝编修《辽史》的重要依据。

辽上京大内紫禁城保护碑

来造反夺权。其中，诸弟又是这方面的急先锋，联络诸部显贵连续三年发动了三次大规模的造反夺权活动，甚至烧毁明王楼，抢走了象征可汗权力的旗鼓和神帐。这些叛乱给契丹社会造成了巨大的损失，也给阿保机的汗权造成了巨大的威胁，但这些不仅没有动摇而且还坚定了阿保机仿效中原帝制建立国家的思想。

辽太祖八年（914年）十月，阿保机处理完诸弟叛乱事件后，重建西楼，其重点之一便是在明王楼废墟上仿效中原建筑模式（坐北朝南）建筑了开皇殿。

顾名思义，“开皇”具有开天辟地、开辟皇帝基业之义，开皇殿的建筑，标志着阿保机仿效中原帝制开国称帝的思想不仅没有受到诸弟叛乱的影响，而且开始付诸实践。

通过对辽上京遗址勘查发现，皇城中部偏北的丘岗便是大内所在地，上面有一百余处建筑遗址，暴露于地表的建筑台基也有50余处。大内中心有一东西隔墙，将大内分为南北两院。

大内北院分布着皇城最大的一组建筑群遗址，由10座台基组成，其中正殿台基位于中心，两翼及后部整齐地围绕着9座大型长方形台基，

辽代释迦摩尼座佛

辽上京城遗址出土石狮

辽代三足锅

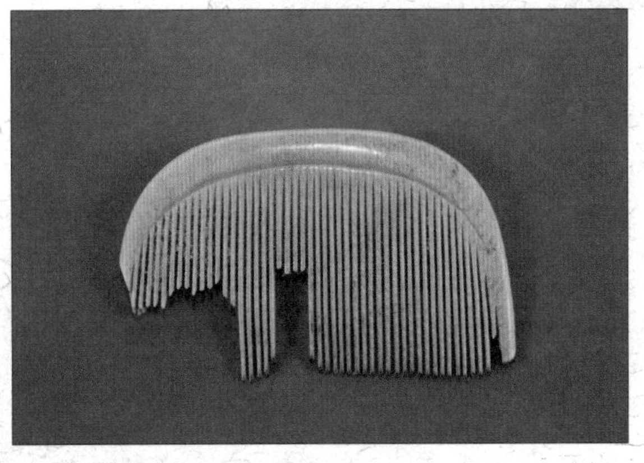

辽代骨梳

用以衬托正殿的庄严肃穆。正殿台基高出周边台基，坐北朝南，东西宽32米，南北包括阶台在内长约50米；正殿后面是一座东西长160米，南北宽18米的长方形台基（此台基也是皇城内最大的台基）；正殿前面左右两侧，各有4座长方形建筑台基，南北依次排列，整齐对称，两列台基中间留有东西宽约38米、南北长约60米的廊院；两列8座台基前（南）面有东、西偏殿，相距110米，各由4座台基组成四合院。

经钻探发现，正殿台基下面夹杂有灰烬和木灰的夯土，表明这里是在原有建筑被焚后再次建筑起来的，正与《辽史》所记载的开皇殿建筑于被焚明王楼基相符，因此，此正殿就是开皇殿无疑，东、西偏殿则是安德、五鸾两殿。

契丹人崇日尚东，早期建筑格式是坐西朝东。开皇殿早于皇都城（建筑于918年）4年而建筑，也是《辽史》所记载的辽上京皇城内自龙眉宫（建筑时间为903年左右）、明王楼（908年建）、天雄寺（912年建）之后的第四座固定性建筑，属于辽代早期建筑，但在建筑风格上，却有别于契丹早期建筑风格，而是采取了中原的建筑风格——坐北朝南，这显然是阿保机有意为之。用意也很明显，那就是要仿效中原帝制来建立国家。事实也是如此，两年后即916年，阿保机便仿效中国帝制开国称帝，建立了契丹国家。从这个意义上来说，开皇殿是阿保机仿效中原开国称帝的一个信号，标志着阿保机开始将仿效中原开国称帝的思想付诸实践。

辽代铜佛

开皇殿建成后，成为辽上京地区的标志性建筑，辽太祖阿保机建筑皇都城，辽太宗及其他辽帝扩建皇都城，

辽代佛塔

辽代的佛塔建筑，遍布所属的许多地区。佛塔建造工艺和传统源自印度，同时也融合了中国原有的建筑结构，从而形成新的形体。常见的辽塔基本上都是八角塔，分若干层。辽塔大多为砖塔，有实体塔和空心塔两种。实体塔入内不能攀爬，现存北京市广安门附近的天宁寺砖塔和内蒙古赤峰市宁城县大明塔为代表。空心塔内部中空，入内可直接攀登到塔顶。这类塔以现存内蒙古林西县白塔子砖塔和呼和浩特市万部华严经塔为代表。辽道宗清宁二年（1056年），修建的山西应县木塔，是辽代乃至我国古代为数不多的木塔，屹立千年至今岿然不动。全国现存辽塔为数不少，是研究辽代佛教传播和建筑文化，甚至政治、区域史的重要考古资料。

辽木板画《门神图》

都是围绕着开皇殿来进行的。同时，开皇殿也是终辽一世，辽廷诸帝在皇都（上京）处理军国大政及接见外国使臣的场所。

辽会同元年（938年），儿皇帝石敬瑭派冯道、刘昫、赵莹等大臣分别使辽，给辽太宗耶律德光和断腕太后述律平上尊号及献燕云十六州地籍，辽太宗便是在开皇殿接见了后晋使臣，而断腕太后述律平则在开皇殿接受了冯道等晋臣所上的“广德至仁昭烈崇简应天皇太后”尊号。

三、孔子庙

根据《辽史》记载，阿保机在皇都城建成的同时（918年5月）便“诏建孔子庙、佛寺、道观。”而建筑孔子庙是阿保机把儒家学说作为契丹国家立国之本和治国主导思想的物化标志。

儒家学说与佛教一样是随着汉人而进入契丹社会的，不过儒家学说不单是中原封建专制政治制度的理论基础，也是中原士大夫们出仕从政的必修课，能够有效地协调君与臣、君与民、臣与民的关系，一经渗透契丹社会，很快受到契丹显贵们的青睐，尤其是阿保机对此更是情有独钟。

阿保机虽然仿效中原帝制开国称帝，但心里并不轻松。通过诸弟及诸酋长接连不断的叛乱、“逼宫”事件，他深深地感到萨满教不能用以统一人们的思想，佛教崇尚“理想境界”，也很难理顺君臣关系，要想使皇位稳

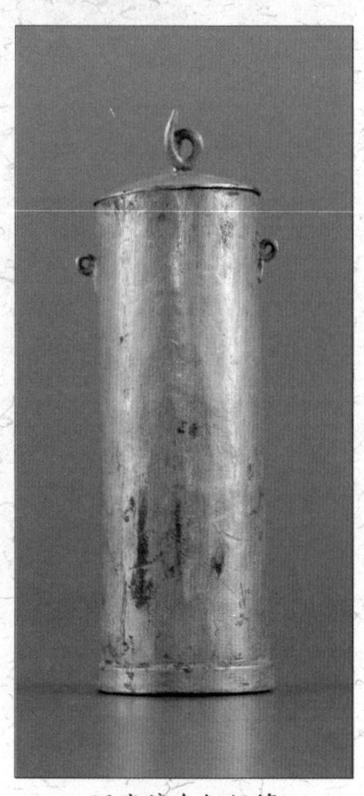

辽代鎏金铜经筒

固，实现皇权在自己子孙中传承，必须要选择一种新的学说来占领意识形态领域。在韩延徽等汉族知识分子的影响下，最终选择了儒家学说。

韩延徽进入契丹社会之时，正值诸弟连续谋乱，他便帮助阿保机分析原因，契丹“可汗三年一代”旧制是造成诸酋争权、汗位不宁的主要原因，中原的皇帝没有替代规矩，因此少有争夺皇权的事件发生，进而劝阿保机仿效中原帝制开国称帝，使皇权在自己子孙中传承，从而防止或避免争夺皇权事件的发生。阿保机正是在韩延徽这一思想的影响下，才仿效中原封建帝制开国称帝，并选择了儒家学说为立国之本和治国的指导思想。

《辽史》中记载的祭山仪

祭山仪是契丹的重大祭祀仪式，产生于遥辇氏胡剌可汗时期。据《辽史·礼志一》记载，举行祭山仪时，先在木叶山置放天神、地祇牌位，朝东向，其后“中立召树，前植群树，以像朝班，又偶植二树，以为神门”，届时皇帝和皇后（在辽以前称呼可汗、哈敦）驾临参加整个仪式。祭山仪上用的牺牲也有讲究，如牛是纯黑色，无杂毛等。专职仆臣将牺牲宰杀后，悬挂在数上，以供天神地祇享用。

不过阿保机并没有用行政命令手段强行将儒家学说作为立国之本，而是循循善诱地加以引导，首先在群臣中展开讨论。他在开国称帝不久，便召开群臣会议专门研究意识形态工作，提出讨论议题：“受命之君，当事天敬神。有大功德者，朕欲祀之，何先？”（《辽史》）这番话开宗明义，我是依照天命当皇帝的，应当事天地敬神灵；国家现在建立起来了，我们应该选一个有大功德的人加以祭祀，大家说说应该先敬谁呢？

辽代铜镜

能够参加这样会议的人，自然也都是一些开国勋臣，或文武兼备、或文武各有所长，与阿保机的关系也非同一般，说话也可以随便一些，见皇帝征求自己的意见，便积极发言。有的提出萨满教是契丹原始宗教，应该先敬之。阿保机对此给予肯定，说萨满教自始保佑我契丹，当然应该敬之，但没有表示要先敬；有的又提出一些神祇，阿保机对此只褒不贬，也不予以肯定。有时阿保机见诸臣僚提不到点子上，便提示说，这个大功德者，应既能佑我族人，还能佑我国家，既可顶膜礼拜，又可维我纲常，以保我契丹似镔铁千万年不坏。听了阿保机的话，大家似有所悟，有些人便又提出应先敬佛。阿保机又摇头说道：“佛非中国教”（《辽史》）。意

辽墓壁画《双鸡图》

契丹大字拓片

思明确，佛教不是起源于我中国，也不能先敬。

臣僚们听了阿保机的话面面相觑，不知他们的天皇帝究竟要先敬何方神仙。这时，刚刚被册立为太子的耶律倍开口说道：“孔子大圣，万世所尊，宜先。”（《辽史》）

耶律倍是阿保机与述律平嫡长子，出生于898年，聪明伶俐，自幼好学，不仅能说一口流利的汉话，能用汉文字作诗写文章，而且对中原的儒家学说和阴阳五行也很有研究，深得阿保机的钟爱，册立为开国太子。

听了太子的话，阿保机欣慰地点了点头，遂命太子耶律倍主持在皇都城内营建孔子庙。

辽代飞天石雕像

辽神册四年即皇都城建筑完工的第二年（919年）八月，阿保机“谒孔子庙，命皇后、皇太子分谒寺观”（《辽史》）。由此可知，孔子庙、佛寺、道观这三项工程经过一年多的建筑同时竣工，而阿保机只亲自拜谒了孔子庙，命皇后述律平和太子耶律倍分别拜谒了佛寺和道观。由此可见，孔老夫子即儒家学说在阿保机心中的地位，要远远地高于佛、道两教。

孔子庙建成后，阿保机与妻子述律平或携家人或带领群臣经常到孔子庙拜谒；太子耶律倍每年春秋都亲自主持孔子庙的时祭活动。

阿保机建筑孔子庙祭祀孔子的意义非凡，标志着阿保机将孔子创立的儒家思想提高到契丹社会意识形态的统治地位，以此奠定了契丹民族乃至大辽王朝的指导思想和理论基础，将全方位地影响和更新契丹民族的政治、经济、文化、习俗和

辽代绿彩白釉鸡冠壶

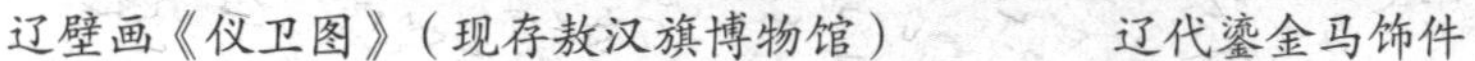

辽壁画《仪卫图》（现存敖汉旗博物馆）　　辽代鎏金马饰件

心理，最终决定着契丹民族和国家的发展方向。

如果说儒家学说是辽王朝存世200余年的理论基础，那么孔子庙则是辽王朝以儒家学说立国的物化象征。

根据史籍记载，南宋绍兴七年（1137年），给大金国当了8年伪齐政权皇帝的刘豫被金主一脚踢开，迁囚于辽上京夫子庙。这个夫子庙即孔子庙，说明孔子庙不仅与辽王朝相始终，甚至在辽王朝灭亡后的一定时间里仍然存在。

根据《辽史》记载和考古勘测，孔子庙位于辽上京皇城的西南侧，即阿保机与妻子述律平的宴寝之所日月宫的右（东）前方，坐北朝南，院落长宽各20米，主体建筑位于院落北面，东西南三面各有房舍建筑。

四、拱辰门

辽上京皇城有四门，北门曰拱辰、西门曰乾德、南门曰大顺、东门曰安东。从中不难看出，这四个城门的名字都是汉文名字，其中的拱辰门无疑是取《论语》“为政以德，譬如北辰，居其所而众星拱之”之意，与城中的孔子庙可谓是交相辉映，相得益彰。这里面既蕴含着阿保机尊孔崇儒的思想，更彰显着契丹民族彬彬中华之风。

中华文化博大精深，儒家文化无疑是其精髓和基石。阿保机把儒家学说确立为立国之根本，治国之首要，无疑是把契丹民族定格为华夏民族一份子，汉契一体，南北一家，同是炎黄子孙。

事实也是如此，大辽国自阿保机建国到被金

契丹小字拓片

辽绿釉瓷枕，赤峰博物馆存

人灭亡存世200余年的时间里，其立国之本、治国之道、社会政治经济文化制度、君臣思想尽显中华之风。

契丹建国后在追溯自己民族历史时，确认契丹族源是“轩辕后”、“炎帝之裔”；阿保机更是以自己的耶律姓兼姓汉人的刘姓，并取了一个汉人名字刘亿。

龙是中华民族的原始图腾，中华大地是龙的故乡，中国人是龙的传人，它联结着中华民族世代子孙，凝聚着中华民族的心理，在中华民族的社会意识中占有相当的地位。契丹民族与龙紧紧地联系在一起。契丹始祖奇首可汗生活地区被契丹人称为龙庭；阿保机所建筑的第一座汉城称龙化州，在辽上京地区建筑的第一个固定性建筑物称龙眉宫，阿保机身上佩戴有“龙锡金佩”；辽上京皇城内有龙寺街、辽祖州有黑龙殿、辽祖陵有黑龙门、辽上京附近有开龙寺、阿保机病逝的地点称黄龙府；契丹军队有龙虎军、政府机构有飞龙院、职官有飞龙使等等。

阿保机建国后便设置了汉儿司，辽太宗继位后设置了汉人枢密院，辽世宗继位后又设置了南枢密院，从而奠定了契丹国家南北朝官双轨政治制度，将大量的汉族知识分子吸纳到辽廷为官，

天下第一的辽鞍

马鞍具是游牧民族生活中密不可分的生活用品。辽代契丹人制作马鞍具的手工艺相当发达，当时辽朝赐给西夏等贡使的物件就有金涂鞍辔马、素鞍辔马，赠送给宋朝的礼品中，有涂金银龙凤鞍勒、银鞍等。契丹人不断地对马鞍制作工艺进行改进完善，使之有了“契丹鞍具甲天下”美誉。奢华精美的马鞍具，更是成为了契丹达官显贵炫耀财富和地位的象征。许多契丹贵族在马鞍和蹀带上钉缀或镶嵌带饰作为装饰物。据北宋太平老人《袖中锦》载：“宋人以契丹鞍与蜀锦、端砚、定窑瓷器等并列，称天下第一。”契丹人将马鞍具从一件生活实用品，发展成为了一种值得炫耀的工艺品。

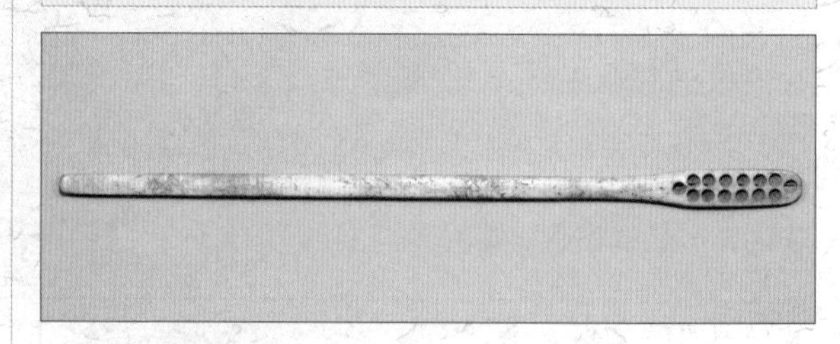

辽代骨牙刷

改变了契丹国家单一的游牧政权性质，使契丹国家成为由契丹贵族和汉族地主及知识分子共同组成的政权。

契丹文字更是仿效汉文字创制而成，汉语言文字与契丹语言文字同为大辽国官方语言文字，并行不悖，汉人聚居区实行中原的州、县管理体制。

辽王朝九位皇帝中，除开国皇帝阿保机“朝服衷甲，以备非常”而外，其他皇帝上朝处理朝政时，与汉臣一样穿汉服。

辽太宗获取燕云十六州后，开科取士，大力提拔和重用汉族知识分子，后来竟然一屁股坐到中原龙椅上，改国号为大辽，当起了中原皇帝；辽世宗不仅大力任用汉族知识分子，而且

辽上京北辰门遗址

辽代三彩盘

还册封汉人女子为皇后；开创辽王朝鼎盛时期的国母萧燕燕不仅平时用汉仪，而且嫁给汉人韩德让为妻；辽圣宗作《传国玺诗》曰："一时制美玉，千载助王兴。中原既失守，此宝归北方。子孙当慎守，世业当永昌。"俨然把自己标榜为中国正统天子；辽兴宗亲自出题《有传国宝者为正统赋》殿试进士；辽道宗经常召集群臣讲《五经》、《尚书》、《论语》等，曾发出"吾闻北极之下为中国，此岂其地耶？""上世獯鬻、猃狁荡无礼法，故谓之夷，吾修文物，彬彬不异中华，何嫌之有？"的感叹，又曾作《君臣同志华夷同风诗》来抒发汉蕃同风，南北一家，同为炎黄子孙的思想。

毋庸置疑，以儒家学说立国，重用汉族知识分子，是以契丹族为主体的辽王朝存世200余年的根本原因。如果说孔子庙是辽王朝以儒家思想立国的物化象征，那么拱辰门则反映了契丹民族对儒家文化的理解和接纳。

五、日月宫

《辽史·太宗纪》载辽太宗"（930年）八月丁酉，以大圣皇帝、皇后宴寝之所号日月宫，因建日月碑。""（938年6月）诏建日月四时堂，图写古帝王事于两庑。"由此可知，辽上京城内建有阿保机与妻子述律平的宴寝之所日月宫。

关于日月宫的建筑地点，《辽史》没有记载，根据《辽上京城址勘查报告》，辽上京皇城

柴册仪

辽代十分重要的礼仪，据说是遥辇氏阻午可汗所制定，最初为部落联盟选汗的礼仪，辽建国后礼仪更加规范。仪式开始前，先设置柴册殿及祭坛。仪式开始后，由八部年长者簇拥皇帝至柴册殿东北角拜日。礼毕，由后族长者为皇帝驾车疾驰，仆从用毡毯覆盖皇帝。皇帝抵达高地后，大臣和诸部首领列仪仗遥拜。皇帝发布谦辞，表示要皇室当选贤者为帝。群臣表示「唯帝命是从」。皇帝于是在此地封垒土石以为标迹。皇帝再拜先帝遗像，宴饮群臣。次日，皇帝出柴册殿，护卫太保搀扶登坛。北、南府宰相率群臣环立，各举毡边欢呼。枢密使奉玉宝、王册进献，上尊号，群臣三呼"万岁"，顶礼叩拜。

西部较高的山冈上分布着面积东西240米、南北360米的建筑遗址，推测这里便是日月宫遗址。此处遗址分为南、中、北三个院落，皆东向，各院落间有东西隔墙，自成体系。

《辽上京城址勘查报告》关于这三个院落遗址的勘查情况如下：

"南院规模小，建筑较分散。东南有长方形台基1座，东西82米，南北18米。南部边缘有4个较小的长方形台基，由西而东依次排列。北边由东而西，由5个方形台基组成，西北有矩形台基1座，与中间院落相呼应。这座庭院的面积，东西184米，南北80米。它应是西山坡整个建筑系统中的附属部分。

辽上京南塔，建于辽中前期

辽上京北辰门残垣

辽上京汉城残墙

中院规模较大，布局严谨，保存也比较好，面积东西190米，南北88米，呈长方形，居于三大院落的中间。庭院中央，有1座东西带有平台的方形阶梯形殿基，东西34米，南北36米。以此殿基为中心，周围有廊庑式的建筑台基。在庭院后（西边）有一向外凸出的方形台基，每边长约40米，它与中央的殿基成东西直线，形成前后殿的主次关系。这座庭院应是西山坡整个建筑群中的主体建筑。据传，早年在院内的正殿之前，还有两个巨大的石龟趺，现已不存。

北院在中院之北，规模和保存情况仅次于中

辽代白釉鸡冠壶

辽三彩罐（赤峰市出土）

院，所不同的是本院建筑台基都偏于后部。在中间稍后的主要部位，有3座圆形台基，大者居中，直径54米；小的直径各约10米，作左左陪衬。围绕着3座圆形台基的西北隅和北边，共有10多个大小不等的方形或长方形台基，作环抱之势。这在整个皇城中属于一种最特殊的建筑形式。”

2012年7—10月间，中国社会科学院考古研究所和内蒙古文物考古研究所联合组成辽上京考古队，对辽上京皇城内西山岗建筑遗址，重点对北院建筑遗址进行了考古发掘，发现北院的3座圆形台基均为六边形基址，其中中间台基址直径达40余米，出土有宋钱、砖瓦残块（片）、泥塑人头像等，考古人员由此初步推测3座圆形台基为塔基，西山岗建筑遗址为辽代皇家佛寺遗址，从而对《辽上京城址勘查报告》中有关西山岗建筑址为日月宫遗址的观点提出了怀疑。

辽代叶蜡石刻雕像

笔者曾到过西山岗建筑遗址发掘现场，根据中间台基上有两层石柱础及出土宋钱、泥塑人头像来分析，应该是一处与祭祀或纪念性有关的楼阁式建筑物，即使是塔也应是楼阁式塔（详见龙眉宫节）。由此笔者认为，在中院和南院没有考古发掘的情况下，仅凭北院的3座六边形基址，还不能确定西山冈建筑遗址就是一处辽代皇家佛寺址，更不能排除这里是日月宫遗址的可能性。之所以这样说，主要是从日月宫建筑时间和过程上来分析。

关于日月宫的建筑时间和过程，《辽史》没有记载，当在阿保机平息诸弟叛乱之后。

辽墓壁画《猎虎图》（敖汉旗出土）

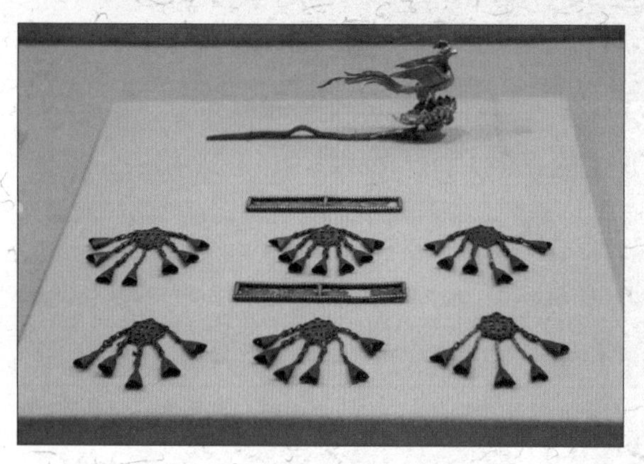

辽代金头饰

诸弟从911年开始，连续三年发动了三次较大的图谋汗权事件，特别是第三次事件演变成了契丹内乱，叛军大肆烧杀抢掠，不仅抢走了旗鼓和神帐，而且烧毁了明王楼等西楼建筑，阿保机亲自率兵经过半年多追剿，才将叛乱基本平定，又经过一年多的审理，才将诸弟叛乱事件彻底平息。914年10月阿保机处理完诸弟叛乱案件后，诏"建开皇殿于明王楼基"。也就是说，阿保机在处理完诸弟案件后，对西楼进行了重建，日月宫当是重建内容之一。

不过，从有关史籍记载来看，诸弟叛乱被平息后，诸部酋长紧接着便以兵逼宫（915年），要求阿保机履行"可汗三年一代"祖制，阿保机

辽代刑罚

辽朝北面官系统中设有夷离毕院专掌刑名，辽圣宗时，北、南枢密使综理军政，并兼管刑名案件；南面官系统仿照中原汉人制度设大理寺审理重大案件。辽代契丹人犯法，原来有投崖、生瘗（活埋）、射鬼箭、木剑（杖背）、大棒、铁骨朵、沙袋（拷打）和鞭、烙、等刑。辽圣宗以后，采用汉人刑名，增加了死、流、杖、徒四等，其中死刑增加了绞、斩、凌迟。当时，以上刑罚并不是放之辽境而皆准，如贵族犯法，先有所在官司审理，然后移交北、南院复审，其后再将结论上报。程序如此漫长、反复，必然不能如实审理、执行，因此一般刑名根本规范不了贵族的行为，也不会加之于其身。

被迫交出旗鼓，到炭山自为一部。在这个时间段内，阿保机是不可能重建西楼的。一直到916年2月，阿保机诛杀诸部酋长复统八部，在龙化州开国称帝化家为国，才有了重新建筑西楼的时间和条件。

阿保机在龙化州开国称帝（916年2月）后，加快了将政治中心从东楼（龙化州）迁到西楼的步伐，开始大规模的建筑西楼。在此后的两年时间里（916年2月至918年2月），阿保机率兵多次越过长城，抢掠幽、云、蓟地区，俘获甚丰，不

辽代石碾（巴林左旗出土）

仅为大规模的建筑西楼提供了物资，而且还提供了人力（大量的汉人俘户和工匠）。也就是在这两年的时间里，西楼得到了突飞猛进的发展，为建筑皇都创造了条件。辽神册三年（918年）二月，阿保机命汉臣康默记为版筑使开始营筑皇都，康默记也不负所望，“百日而讫事”，即只用了一百天的时间便完成了皇都的建筑工程。

所谓的“百日而讫事”是指完成了皇都城的城垣及部分建筑，而非指皇都城内的所有建筑物都建筑完工。不过，日月宫当与皇都城同时或提前竣工，并且是龙眉宫的扩建工程。

开皇殿建筑竣工后，遂代替龙眉宫成为阿保

辽代故秦国太夫人墓志铭

辽上京南塔上的石刻释迦牟尼佛像

机在西楼的主要议事场所，而龙眉宫作为阿保机在西楼的早期议事和宴寝场所，不论是从建筑规模上，还是从建筑形式上，显然也都不能适应开国称帝后的阿保机夫妻生活和工作的需要，建筑新的宴寝之所便被提到议事日程。

龙眉宫所在的西部山冈是阿保机早期“射金龊箭以识之”而选定的议事和宴寝地点，显然是不会轻易改变的，而龙眉宫是他在西楼的早期议事场所，自然也不会轻易拆除。因此，便在龙眉宫的南侧（前面）建筑了更大规模的宴寝之所——日月宫。

关于日月宫名称的由来，有辽史研究者根据《辽史·太宗纪》“八月丁酉，以大圣皇帝、皇后宴寝之所号日月宫，因建日月碑”这条史料，认为是辽太宗将父皇母后的宴寝之所起名为日月宫，并树日月两碑铭记。其实这是对史料理解有误所致。上述史料应该理解为，辽太宗因为父母的宴寝之所叫日月宫，因此，树日、月两碑加以

铭记。而阿保机把宴寝之所起名为日月宫，显然与道教有关系。

辽神册三年（918年）五月，即皇都城建筑完成后，阿保机曾“诏建孔子庙、佛寺、道观”。说明当时儒学、佛教、道教都已经进入契丹社会，并都得到了阿保机的青睐，但三者在政治家阿保机心中的地位是不一样的。

儒学是中原封建专制政治制度的理论基础，其倡导的“仁爱”和强调的“三纲五常”思想，能够较有效地协调君与臣、君与民、臣与民的关系，能够较好地解决家庭关系，能够很好地吸引汉族地主阶级和知识分子。因此而成为阿保机的首选，确立为立国之本、治国之指导思想。而宗教往往被统治者用以统治人民的工具，自然是要取其利者而用之。就佛教和道教而言，阿保机则更钟情于道教，原因也很简单，佛教是外来教，道教则是本土教。

道教是中国土生的宗教，创立于东汉时期，源于中国古代的自然崇拜、鬼神崇拜、祖先崇拜等原始宗教（其鼻祖是黄帝和老子），是对中国古代“天人合一”思想的提炼和升华。而契丹原始萨满教的主要内容也是自然崇拜、鬼神崇拜和祖先崇拜，与道教有着密切的内在联系。因此，道教更能为契丹人所接受，自然也受到了阿保机的青睐。亦因此，阿保机在建国之初召开群臣会议研究祭祀首选时（见孔子庙节），当有人提出先敬佛时，他便以“佛非中国教”加以否定。不仅如此，阿保机对道教还很有研究，深得其真

辽代文化的构成

辽代文化应属三个文化系统，一：契丹族文化，基于渔猎畜牧经济基础形成。辽建立后，契丹一直使用本民族的语言，创制了契丹文字。辽代实行的捺钵制度等独具民族特色；二：突厥文化，契丹族在建立辽朝前，先后受到突厥和回鹘的控制和影响。辽朝的北面官制度基本上是承袭了突厥、回鹘的制度。三：唐文化，此处所指的唐文化，并非单纯的来源于唐朝，还应包括渤海国。辽朝的南面官制度基本继承了唐。契丹文化、突厥文化和唐文化共同构成了辽文化。

辽上京城内日月宫遗址

辽上京北塔

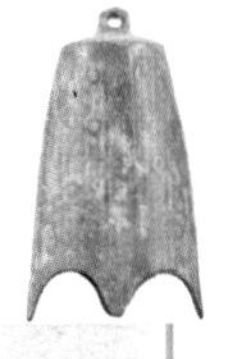

辽中京城墙残垣

辽上京汉城墙残垣（建于辽太宗初年）

辽上京城内日月宫遗址发掘现场

辽代莲花形鎏金银耳杯

谛，日月宫等有关名称便与道教有直接关系。

道教认为“道”是宇宙之根，万物之源，“道生一，一生二，二生三，三生万物”，宇宙有天、地、人“三才”，天有日、月、星“三光”。阿保机不仅对此“三才”、“三光”思想颇有研究，而且还付诸实践。他在担任契丹可汗后，便抛弃契丹汗国原有的可汗称号不用，称自己为天皇帝，妻子述律平为地皇后；开国称帝后给自己上尊号曰大圣大明天皇帝，给妻子述律平上尊号曰应天大明地皇后，仍然没有丢掉“天”、“地”之名；灭亡渤海国建立东丹国后，又册封长子耶律倍为东丹国人皇王。至此，夫妻子三人的尊号正合道教的天（皇帝）、地（皇后）、人（皇王）“三才”；而日月宫与皇都城北门拱辰门（不排除拱辰门与日月宫同时起名的可能）又合了道教

辽代契丹大字银币

的日、月、星（北辰即北极星）“三光”。

也就是说，阿保机给自己的宴寝之所起名为日月宫，是受到了道教思想的影响，与皇都城北辰门（北极星）正合道教的日月星“三光”。

辽墓壁画

辽代石人头

辽太宗继承皇位后，大力扩建皇都城，这其中就包括扩建日月宫。《辽史》记载辽太宗至少两次扩建日月宫。一是辽天显五年（930年）辽太宗在大规模扩建皇都城的过程中，也没有忘记给父皇母后的宴寝之所日月宫添花一笔：“八月丁酉，以大圣皇帝、皇后宴寝之所号日月宫，因建日月碑。”即在日月宫前树立了日、月两碑，以铭记已经去世4年的父皇阿保机和仍然健在的母后述律平的“不俗生活”；二是辽会同元年（938年）六月辽太宗“诏建日月四时堂，图写古帝王事于两庑。”

辽玛瑙马配件

关于龙眉宫及日月宫和日月四时堂之名，只在《辽史·太祖本纪》和《辽史·太宗本纪》中各一见，不见于其他辽帝本纪，而《辽史》却有辽廷诸帝在上京城里数次谒太祖庙的记载，这有可能说明，龙眉宫、日月宫、日月四时堂作为上京城西部山冈上的同一组建筑，在阿保机和述律平相继病逝后被保存下来，不断加以维修和扩建，成为辽廷诸帝在上京城里祭祀太祖及妻子述律平的场所——太祖庙或太庙。

笔者大胆推测，辽上京城西部山冈三处建筑遗址分别是：北部院落址最早是龙眉宫址，后来改建为楼阁式建筑，里面供奉着阿保机、述律平夫妻及阿保机所册封的“二十一位开国功臣”的塑像，是辽帝及其子孙在上京城里祭祀太祖阿保机的场所；中间院落址是日月宫主体建筑部分，正殿址原是阿保机与妻子述律平的宴寝之所日月

辽壁画侍奉图（巴林左旗辽墓出土）

辽代石磨（巴林左旗出土）

宫，后被辽太宗扩建为日月四时堂（938年），前面广场上的两座龟趺（现已不存）是辽太宗所立日、月两碑的龟趺，周围的廊庑式建筑台基是辽太宗所建用以图写古帝王事的廊庑；南部院落址当是时祭日月四时堂工作人员的办公和休息之所。随着时间推移，日月宫由原来的阿保机夫妻宴寝之所，变成了辽帝及后世子孙在上京城内祭祀阿保机夫妻的场所，名称也由日月宫、日月四时堂（包括龙眉宫）逐渐演变为太庙或太祖庙。

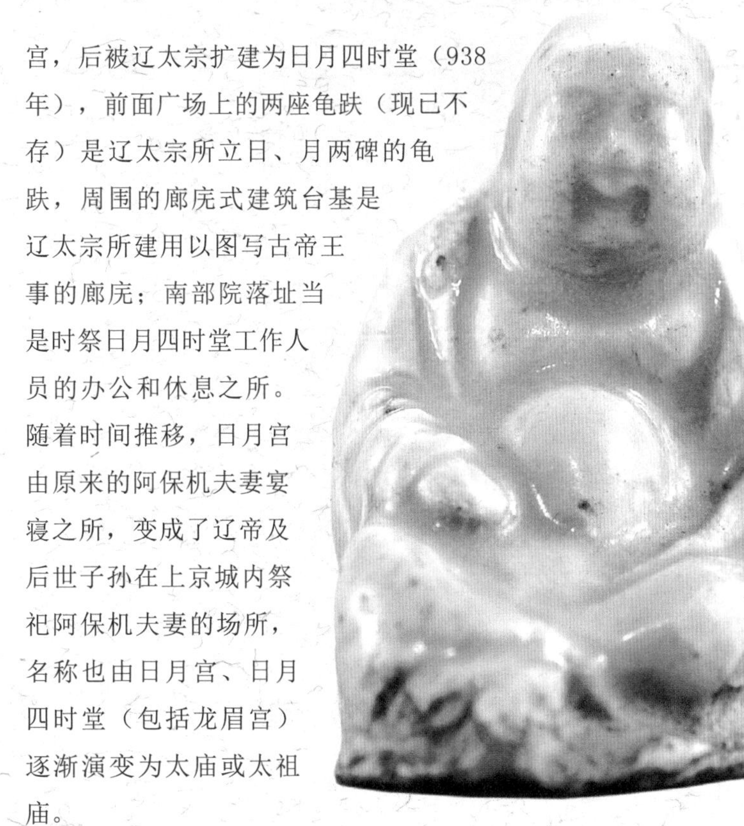

辽代小瓷人

六、断腕楼

《辽史·地理志》上京条记载：“是岁（926年）太祖崩，应天皇后（述律平）于义节寺断腕，置太祖陵。即寺建断腕楼，树碑焉。”

义节寺位于辽上京皇城内何处，《辽史》没有记载，但《辽史》中记载了辽上京皇城内有节义寺，位于孔子庙的东侧。义节寺和节义寺前两字颠倒，应是同一寺院，有可能是因述律平在义节寺断腕，故将寺名改为节义寺，抑或是史家笔误所致。不过，两寺院是否是同一寺院并不重要，重要的是寺院里的断腕楼记录了契丹建国初期、也是辽王朝历史上绝无仅有的政治事件——述律平断腕择帝。

辽代伎乐人石雕像

辽代哈拉海场备行图

辽太祖阿保机与妻子述律平生育三子一女，三子分别是长子耶律倍、次子耶律德光、三子耶律李胡，一女耶律质古。

对于这三个儿子，阿保机曾有过实践考察。有一年冬季，阿保机命三个儿子去拾柴，次子耶律德光不管干湿拾好一捆第一个回来，长子耶律倍专门捡拾干柴捆扎整齐第二个回来，耶律李胡边拾边丢最后回来且两手空空。阿保机的评价是：长子灵巧，次子能成事，三子不如两个哥哥。

此事虽然见于《辽史·耶律李胡传》，但恐怕并无其事。因为，三兄弟不在一个年龄段内，耶律倍出生于898年，耶律德光出生于902年，耶律李胡出生于912年。耶律倍于916年被册立为皇太子时，耶律李胡时值4岁，无法与二位兄长比行为能力。因此，此事可能是史学们编纂的故事，用以说明耶律李胡从小就不如两位哥哥；而更大的可能是述律平编纂的故事，用以说明次子耶律德光能成事，为其废长而立次找借口。其实，阿保机考察三子的事情是否属实并不重要，重要的是三兄弟生在帝王家，命运自然也就不掌握在自己手中，而是与政治捆绑在一起。

俗话说，一母生百子，各个不一样。耶律倍三兄弟虽然是从一个娘肠子里面爬出来的，但随着年龄的增长，性格各异。耶律倍聪明伶俐，熟读中原书籍，崇儒学、懂易经、通韵律，能诗善画；耶律德光不苟言笑，稳重老成，待人宽厚，熟悉兵事；耶律李胡骄横不羁，残忍无度，动辄杀人。

辽兴宗重熙13年，即1044年在唐塔基础上包砌而成的辽兴中府（辽宁朝阳）佛塔（今称朝阳北塔）

阿保机仰慕儒学，倾心于中原文化，自然是钟爱长子耶律倍；述律平留恋游牧生活，不同意契丹屡屡出兵中

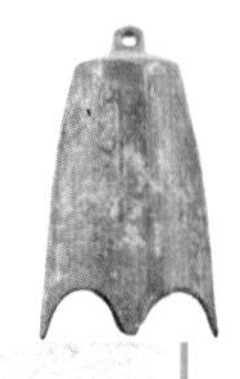

辽代金碗

原，因此而钟爱次子耶律德光，溺爱三子耶律李胡（母性使然）。

辽神册元年（916年），阿保机仿效中原帝制开国称帝，册封长子耶律倍为皇太子，立为皇位接班人。但是，耶律倍当了10年预备皇帝，最终还是把皇位拱手让给了二弟耶律德光。

辽天赞四年（925年）末阿保机举全国之兵东征渤海国，只用了半个月的时间便将立世200余年的渤海国灭亡，随即将渤海国改为东丹国，册封皇太子耶律倍为人皇王主政东丹国事，然后率兵开始西返，不料突然病逝于扶余府（今吉林省农安）。

俗话又说，天有不测风云，人有旦夕祸福，阿保机突然病逝于扶余府，照说也没有什么值得大惊小怪的，但是《辽史》却称阿保机死为“扶余之变”。至于为什么要把阿保机的死称之为“扶余之变”，并没有下文。那么，《辽史》为什么要把阿保机的死称之为“扶余之变”呢？这里面肯定有故事，起码暗示着以下一些信息：

辽代滑石母子狮

一是阿保机是非正常死亡，有可能与述律平有关系；二是阿保机正常病逝，留有让太子耶律倍继承皇位的遗嘱，而述律平为了让次子耶律德光继

辽代鸡冠壶

辽代白釉皮囊式鸡冠壶

辽代铜镜

承皇位，篡改或扣留了遗嘱；三是阿保机病逝前后，他的三个兄弟即三弟迭刺、四弟寅底石、六弟苏先后死亡，与述律平有关系（《辽史》明确记载寅底石被述律平所杀）。也就是说，阿保机病逝前后，发生了许多不正常的事件，这些事件又都与皇位继承有直接关系，述律平则是这些事件的主角。

阿保机病逝于扶余府时，太子耶律倍在东丹国首都天福城（今黑龙江省宁安），耶律德光在原渤海国铁州（今黑龙江省宁安西南）平定叛乱，只有述律平等少数亲近之人在阿保机身边。

此时的述律平佐丈夫治理国家20余年，已经是一名成熟的政治人物，在事关契丹国家前途和命运的关键时刻，做出了一个惊人的决定——废长而立次。

关于述律平废掉长子耶律倍而立次子耶律德光当皇帝一事，有人认为是述律平钟爱次子耶律德光之故，其实并非全因此故。

述律平话语不多，做事果断，文韬武略皆在常人之上，嫁给阿保机后，便成为其得力佐手。这可以从《辽史》及有关史籍中所记载的以下事件中窥视一二。

述律平经常随丈夫东征西讨，巾帼不让须眉，冲锋陷阵，俘获甚众，她从俘虏中选择有一技之长的人组建了一支私人军队，取名为属珊军；随着时间的推移，夫妻两人也有了分工，阿保机率军出征，述律平镇守大本营。有一次阿保机率军出征后，有两个室韦部落想乘机偷袭其大本营，述律平得到消息后，整军以待，将两室部兵马击溃，由此名声大振，不仅受到契丹人的尊崇，而且威震草原诸部。

辽代鎏金兽面铜盒

盘踞幽州的刘守光末年势衰，想结契丹为外援，便派韩延徽为信使出使契丹联系结援事宜。韩延徽见到阿保机后只是长揖一礼，没有行跪拜大礼，阿保机不禁恼怒，命人将其带到马群去牧马。述律平得到这一消息后，对丈夫

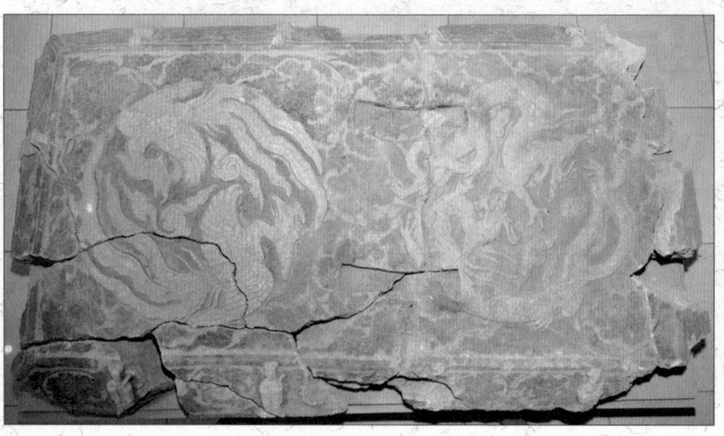

辽代龙凤石棺盖

说："延徽能够守节而不屈服，这正是当代的贤者，为什么要让他牧马而侮辱他呢？应该礼敬重用他"（《资治通鉴》）。阿保机听了妻子的话，将韩延徽留在身边以为咨用。而韩延徽也确是难得的人才，在契丹国家建立过程中发挥了重要的作用。可以说，不仅阿保机化家为国、开国称帝是受到了韩延徽的影响，而且契丹国家建立初期的许多政策，包括"以国制治契丹，以汉制待汉人"的国策就是出自韩延徽之手。

辽太祖九年（915年）阿保机在七部酋长的威逼下，被迫交出旗鼓到炭山汉城自为一部以期东山再起。经过一段时间的蓄势后，述律平向丈夫献上一计，杀掉七部酋长，以兵复统八部。阿保机采纳妻子的建议，在盐池诛杀七部酋长，然后以兵复统八部，进而开国称帝。

辽神册二年（917年）吴国（五代十国时期的十国之一）派人送给阿保机一种猛火油，说用这种猛火油去攻城，敌人用水来救火，火势会更旺。阿保机为了试验这种猛火油的威力，便挑选了三万名精锐骑兵要去攻打幽州。述律平劝诫丈夫说："哪有为了验证油的效果而去进攻别的国家的道理呢？"然后指着帐前的树问道："这棵树如果没有了皮，还能不能活下去？"阿保机说："当然不能。"述律平接着说道："幽州城也是这样，我们只埋伏三千名骑兵在他旁边，掠夺他的四面郊野，让城中没有粮食供应，不出几年，城中自然就困竭了，何必要另外轻举妄动呢？万一又不能打胜，不但会被中国耻笑，我们的部落说不定也会由此瓦解了。"（《资治通鉴》）阿保机觉得妻子说得有道理，便放弃了攻打幽州城的想法。

辽黄釉凤首瓶（赤峰博物馆存）

夷离毕院

在辽代，由于其下辖囊括了众多民族，因此反映到政治和刑罚上也体现了多元化。如辽朝北面官系统中设置有夷离毕院，专门掌契丹人的刑狱，职官设夷离毕；左夷离毕、右夷离毕；知左夷离毕、知右夷离毕等。夷离毕院立于何时，史料无明确记载。但是依据现存史料，对其执掌和离任官员可以做一简单了解。有辽一代，夷离毕虽然主要是作为"掌刑狱"的部门而存在，但也负责过一些其他事物。在主要负责管理汉人的南面官系统中设置有大理寺专治契丹统治下的中原刑名。

以上四件事情，发生在阿保机政治生涯的四个特殊阶段。第一件事发生在阿保机担任契丹可汗之前，这一时期阿保机担任迭剌部夷离堇，率领契丹八部兵马经常出征，后方空虚，常常受到一些部落或部族的侵袭，从而把妻子述律平留下镇守后方。而述律平也没有让丈夫失望，胜利地完成了镇守大本营的任务，使阿保机能够放心地率兵出征。

第二件事发生在阿保机担任契丹可汗至开国称帝的时间段内，这一时期阿保机的汗权时时受到来自迭剌部内部显贵（如诸弟三次抢夺汗权）和其他部落显贵（如七部酋长以兵逼宫）的威胁，需要培植和借助其他力量来巩固自己的汗权。述律平则极力为丈夫网罗和推荐人才，韩延徽、韩知古便是其中的代表。

第三件事发生在阿保机“落难”时期，他在七部酋长“以兵逼宫”下，被迫交出旗鼓，实际上就是交出了可汗权力，同意通过选汗大会来重新选举可汗，届时阿保机能否选上则是未知数。正是在这种严峻形势下，述律平向丈夫献上了诛杀七部酋长、以兵复统八部的计策，从而使阿保机重新夺回了汗权，并进而开国称帝。

独具特色的辽瓷

辽瓷是我国古代陶瓷史上一朵意蕴迷人的奇葩。辽代的陶瓷器制作在承袭唐代陶瓷工艺的基础上，经过发展呈现出独具特色的一面。辽瓷体现了白山黑水般鲜明的地方色彩和浓郁的游牧民族特点，反映了古代契丹族勇猛、刚烈、剽悍的部族气质，是当时政治、经济、文化等社会生活的凝聚和缩影。在契丹人的祖居之地——辽河源头老哈河流域，近些年来，零散地出土过许多精美的辽瓷。现今出土的辽瓷在器形方面具有浓厚的民族特色，如鸡冠壶、长颈瓶、凤首瓶、穿带壶、鸡腿瓶、海棠花式长盘，注壶等。

第四件事发生在阿保机开国称帝不久，这一时期契丹还没有统一大漠草原，周边还有如渤海国等强族，而阿保机正处在开国称帝的兴头上，妄想借中原混乱之机攻取幽州，结果都是无功而返。述律平则对形势有着清醒的认识，认为丈夫率大军攻打幽州的行动很危险，那就是契丹主力部队一旦被中原兵马打败，契丹国家也很有可能由此而解体，从而对丈夫出兵中原加以劝阻。不过，她在劝谏丈夫的同时，并没有武断地阻止丈夫攻取幽州，而是给丈夫出了一条妙策——封锁幽州物资供给线，待幽州困竭时再取之。

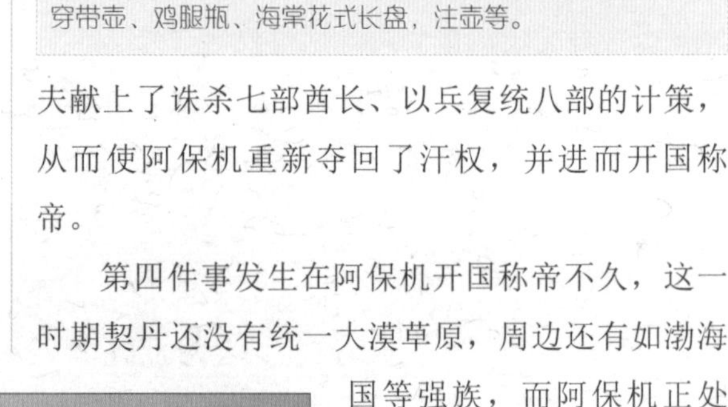

辽代儿童绣花鞋

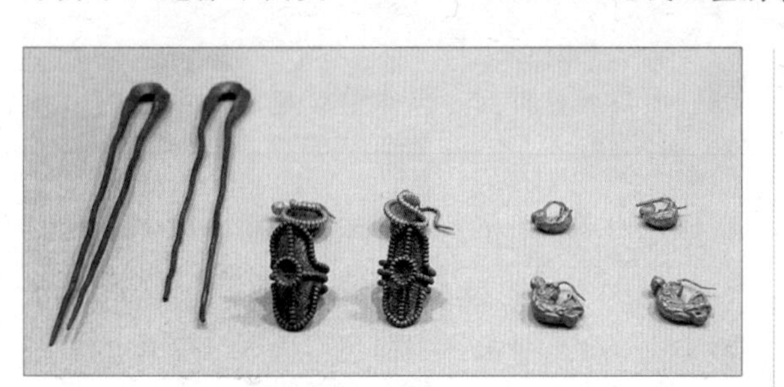

辽金钗耳坠（赤峰博物馆存）

从以上四件事中不难看出，述律平的文韬武

辽代契丹大字铜符咒牌

略绝不在丈夫阿保机之下，确实是武能率兵安邦，文能用人治国，是丈夫得力的左右手。所以，阿保机攫取汗权后，在给自己上尊号为天皇帝的同时，给妻子述律平上尊号曰地皇后，两人的宴寝之所起名为日月宫，意为夫妻两人如天地同在、日月同辉。

阿保机病逝时，述律平已经佐丈夫治理国家整整20年，不仅在族人中树立起了崇高威信，而且是一名成熟的政治家，对当时的国家形势也有着清醒的认识。

阿保机病逝时契丹国家已经聚居了大量的汉族人口，汉文化也已经渗透于契丹社会各个阶层，并逐渐得到契丹人的推崇，渤海国（由粟末靺鞨人组建的政权）的并入使契丹国家封建化因素进一步增多，而太子耶律倍又是汉文化的“狂热”推崇者，一旦继承皇位，有可能改变太祖制定的“以国制治契丹，以汉制待汉人”的“一国两制”国策，完全照搬中原或渤海国体制，从而导致契丹国家完全汉化。契丹国家以草原立国，游牧文化是契丹人的根，契丹国家完全汉化能不能行得通？契丹国家一旦完全汉化，这艘刚刚打造起来的“航母”能行使多远？对于这样现实而又极有可能发生的问题，述律平不可能不考虑，也不可能不担心。

相比较而言，耶律德光则比较稳重，他虽然也精通汉文化，但并没有到“狂热”的程度，能够很好地把汉文化与游牧文化结合起来，两者相得益彰，并行不悖，这样的皇帝才更适合契丹国家的国情。基于这些考虑，述律平才做出了废掉太子耶律倍而立次子耶律德光为皇帝的决定。

但是，契丹国家是仿效中原帝制建立起来的，且已经建国整整10年，皇位嫡长传承制，已

辽皮革纹陶壶（敖汉旗出土）

辽代花式口铜碟

经被文武百官、诸部显贵及族人所接受；耶律倍也已经当了整整10年的预备皇帝，在文武百官、诸部显贵及族人心里，他就是契丹国家皇位法定继承人，要废掉这样一位没有什么明显错误的预备皇帝，显然不是一件轻而易举的事情。

述律平心里自然也很清楚这一点。因此，她并没有直截了当地废掉太子耶律倍而让次子耶律德光继承皇权，而是宣布自己权摄军国大权，先控制住形势，然后再慢慢图之。

述律平摄政有她合理性的一面，那就是游牧民族母权政治使然。游牧民族生产生活的特殊性，决定了母权政治的存在，即可汗（包括部落首领）的祖母、母亲、妻子、妹妹等女性，在可汗体弱多病、年龄幼小、软弱无能、死亡等特殊的时间段内，可以行使可汗权力，管理国家事务。但是，述律平摄政也有她不合理的一面，那就是太子耶律倍当时已经28岁，且有正常的执政能力，她摄政的理由并不充分。因此，述律平权摄国政想立次子耶律德光的做法，还是立即遭到了一些人的反对。

首先起来反对的是她的小叔子们，即阿保机的几位兄弟。诸弟连续三年（911年至913年）谋取汗位失败后，也都走上了不同的道路。二弟剌葛在叛乱失败后，郁郁寡欢几年，于辽神册二年即阿保机开国称帝的第二年（917年）借随大哥阿保机攻打幽州之机携子逃入幽州，后来又投奔了中原的朱梁政权，6年后（923年）李存勖攻入汴京城灭亡朱梁政权时，将剌葛父子抓获双双斩首；三弟迭剌在叛乱失败后，也抑郁了几年，后因创制契丹小字有功而被重用，辽天显元年（926年）阿保机灭亡渤海国建立东丹国，册封迭剌为东丹国左大相以辅佐人皇王耶律倍，不料却在阿保机病逝的前几天被刺身亡；四弟耶律寅底石

辽代击鼓侍女石雕

辽龙纹三彩执壶（赤峰市博物馆藏）

在叛乱失败后，开始一心一意跟随大哥阿保机办事，阿保机病逝时遗命四弟寅底石为东丹国守太师，以接替被刺身亡的三弟迭剌辅佐耶律倍；五弟安端最乖巧，在叛乱失败后，与大嫂述律平走得很近，与二侄子耶律德光的关系也不错；阿保机还有一个同父异母的六弟苏，是诸弟中最支持阿保机的人，他不仅没有参与诸弟叛乱，而且在诸弟发动叛乱时，奔走于大哥阿保机与诸弟之间，协调各方关系，化解各种矛盾，从而缓解了几兄弟间的矛盾和隔膜，避免了事态的扩大化，为最终平定叛乱出力颇多，最得阿保机的赏识，被任命为南府宰相，晋封为开国功臣。

阿保机病逝时，存活于世的三个兄弟中，除老五安端之外，寅底石和苏都是阿保机的积极支持者，自然也都想实现大哥阿保机的意愿，让太子耶律倍当皇帝。述律平因诸弟曾三番五次起来图谋汗位，早就留着一只眼睛盯着他们。因此，阿保机病逝后，她便立即派人将寅底石杀死在赴东丹国上任的途中，随后又将苏杀死在回皇都的途中。就这样，阿保机的尸体还没有运回皇都，四弟寅底石和六弟苏便人头落地，只有五弟安端因与大嫂走得比较近，从而保住了性命。

接着起来反对的人是皇族显贵们。阿保机开国称帝后，为了保证皇权在自己的子孙中传承，将迭剌部的耶律氏皇族分为横帐、三父房、二院三个层次。具体来讲，就是按照中原的五服之说，将阿保机四世祖耨里思一支系列为皇族，其中祖父匀德实一支系以外的皇族列为北院（亦称五院）和南院（亦称六院）两院，简称二院皇族；匀德实一支系列为一横三父房皇族，其有四子，即长子麻鲁、次子严木、三子释鲁、四子撒剌的（阿保机父亲），除麻鲁无后外，严木家支列为孟父房皇族，释鲁家支列为仲父房皇族；撒剌的有六子，长子阿保机家支列为横帐皇族，次子剌葛、三子迭剌、四子寅底石、五子安端、六子苏五兄弟家支列为季父房皇族。这一帐三父房皇族，也统称为横（四）帐皇族。

从中不难看出，通过这样的划分，耶律氏皇族被划分为三六九等，即横帐皇族（即阿保机子

辽代壁画

孙们）属于皇权继承范畴，可以直接继承皇权；三父房皇族（即阿保机两伯父、五兄弟七家支）属于近支皇族范畴，不能直接继承皇权；二院皇族（即阿保机祖父匀德实支系以外的皇族）属于远支皇族，远离皇权。不过，三父房皇族和二院皇族虽然远离皇权，失去了直接当皇帝的资格，但却在皇权继承问题上有发言权，并且占有举足轻重的地位。

很显然，皇族们从各自利益出发，在是由太子耶律倍，还是由次子耶律德光来继承皇位的问题上意见也是不一，其中，拥护太子耶律倍继承皇位的代表人物是耶律迭里。

辽代陶灯

耶律迭里是孟父房皇族，即阿保机二伯父严木的孙子，是耶律氏皇族中最支持阿保机事业的人之一，辽天赞三年（924年）出任南院夷离堇，率领南院兵马参加了灭亡渤海国的战争。阿保机病逝时，他正率领南院兵马在原渤海国地区平叛，待叛乱平息后才返回皇都。他见述律平有意废掉太子耶律倍而让次子耶律德光继承皇位，便站出来劝谏说，皇位应当由嫡长子来继承，今太子已经回到皇都，应该由他来继承皇位。

对于这样的发难，述律平心里早有准备，立即下令将耶律迭里等人逮捕入狱，以党附人皇王立案严刑审讯。耶律迭里在遭受炮烙之刑的情况下，仍然坚持拥立太子当皇帝。述律平的态度也非常坚决，下令将耶律迭里、耶律匹鲁等斩首，并把其家人籍为奴隶。

这样的高压政策，并没有收到预期效果，拥护太子耶律倍当皇帝的人仍然不断地站出来反对。对此，述律平并没有手软，在随后的一年多的时间里，她一边为丈夫建造陵墓，一边以各种理由诛杀所谓的“太子党人”。

辽天显二年（927年）秋，阿保机陵墓经过一年多的营建终于完工，而述律平的杀戮却仍在继续，以契丹族殉葬习俗为由，又进行了一次集中屠杀。

辽代壁画

在这次屠杀中，先后有百余

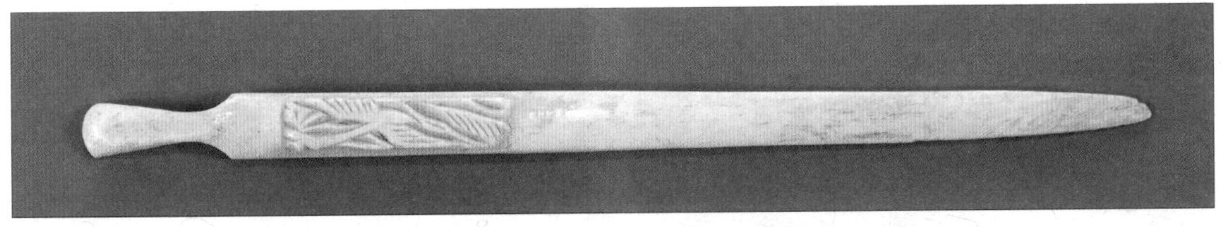

辽代骨簪子

名大臣人头落地，一直杀到一个叫赵思温的大臣时，杀戮才停了下来。

赵思温原是后唐（五代中的第二个朝代）平州（今河北卢龙）刺使，辽天赞二年（923年）被时任大契丹国天下兵马大元帅的耶律德光俘虏归降契丹，后任契丹汉军团练使，率领汉军参加了灭亡渤海国的战争，在攻打渤海国扶余府时率先攻破城池而身受重伤，阿保机对赵思温很是赏识，亲自为他调药疗伤。赵思温对阿保机忠心耿耿，自然是拥护太子耶律倍当皇帝，因此也在述律平的诛杀之列。

不过，赵思温虽然是一员武将，反应却很机敏，他见述律平利用契丹殉葬习俗来诛杀反对派，便反唇相讥道，按照习俗皇后应该第一个殉葬，如果皇后去陪伴先帝，我也跟着去。

面对赵思温的责难，述律平并没有恼怒，显得很镇静，也很老道，一边回答说我不是不想去陪伴先帝，只因孩子们幼小，军国大事离不开我，一边毫不犹豫地挥刀剁下自己的右手，平静地说道，就用我这只手代我去伺候先帝吧！

述律平的举动，征服了所有的人。

就这样，述律平用一只手，震慑住了拥立太子耶律倍当皇帝的一派人，用另一只手把次子耶律德光扶上了皇位。

辽三足竹节莲瓣纹灯
（现存赤峰市博物馆）

关于这次大屠杀不见于《辽史》而载于《契丹国志》。《契丹国志·太祖述律皇后传》关于这次事件的记载是这样的："太祖之崩也，后屡欲以身为殉，诸子泣告，惟截其右腕，置太祖柩中，朝野因号为'断腕太后'，上京置义节寺，立断腕楼，且为树碑。

先是，后任智用权，立中子德光，在其国称太后。左右有桀黠者，后辄谓曰：'为我达语于先帝。'至墓所，即杀之。前后所杀以百数。最后，平州人赵思温当往，思温不行，太后曰：'汝事先帝亲近，何为不行？'对曰：'亲近莫如后，后行，臣则继之。'太后曰：'吾非不欲从先帝于地下，顾诸子幼弱，国家无主，不得往耳。'乃断一腕，置墓中，思温亦得免。"

上述记载明显前后矛盾，前段说阿保机病逝后，述律平多次想为丈夫殉葬，都因诸子哭劝而未果，无奈之下砍掉右手代殉，在皇都城内建义节寺，寺中建断腕楼，立碑铭记这次断腕壮举，述律平也因此事被称为"断腕太后"；后段则说述律平权摄军国大政后，立次子耶律德光为皇帝，遭到一些人的反对，述律平则毫不手软地杀

辽代摩羯纹錾花鎏金银盘

之，前后杀死百余人，当杀到赵思温时受到挑战，无奈之下剁下右手代为殉葬。如此前后矛盾，想来不一定是史家笔误，而是述律平断腕一事有多个版本，故事多多。

辽代织锦香囊

关于述律平断腕及屠杀事件，《辽史》及有关史料还有如下记载：《辽史·地理志》上京条记载“是岁太祖崩，应天皇后于义节寺断腕，置太祖陵。即寺建断腕楼，树碑焉”；《辽史·太祖淳钦皇后述律氏传》载：“太祖崩，后称制，摄军国事。及葬，欲以身殉，亲戚百官力谏，因断右腕纳于柩。太宗即位，尊为皇太后”；《资治通鉴》记载“契丹主阿保机在夫余城去世，述律皇后把较难节制的将领和酋长们的妻子找来，说：‘我如今已经是寡妇了，你们不能不和我一样。’又把他们的丈夫召唤来，哭着问他们说：‘你们想念先帝吗？’大家都回答说：‘我们受先帝的隆恩，怎么会不想他！’皇后说：‘如果真的想他，那就应当到地下去见他。’于是把他们都杀了”；《卢龙赵氏（赵思温家族）家传》亦有相应的记载，“初，辽祖殂，后述律氏智而忍，悉召大将妻谕曰：‘我今寡处，汝等岂宜有夫？’复谓诸将曰：‘可往从先帝于地下！’有过者，多杀于木叶山墓遂中。公（赵思温）后以事忤逆后，使送木叶山，辞不行，曰：‘亲宠莫后若，何不往？’曰：‘子幼国疑，未能也！’乃断其一腕以送之。直公而不杀”。

通过以上史料我们不难看出，述律平废长而立次的行为，遭到了拥立太子当皇帝一派人的反对，为此，她大开杀戒，前后杀掉了一百余名大臣、酋长、王妃、命妇们；但是，这样的杀戮并没有收到预期效果，最后她在赵思温等大臣们的逼迫下，不得不把自己的右手

辽中京城墙断面

辽代石狮

剁下来代殉，才镇住了反对派，把次子扶上了皇位。至于述律平多次想殉葬不果而以右手代殉的记载，当是史家们的粉饰，目的当然是为了宣传述律平的“壮举”。不过，不管述律平断腕的过程如何，此举完全可称得上壮举，是普通人不敢想也不敢做的事情，只有卓越的政治家们才有如此魄力并付诸实践。

述律平断腕事件，既反映了契丹建国初期政治斗争的残酷性，同时也折射着契丹国家社会变革，即由氏族制、奴隶制向封建制过渡的艰辛历程。

述律平断腕的地点在上京皇城内的义节寺，辽太宗耶律德光即位后，在义节寺内建断腕楼，树碑以铭记母后断腕之壮举。

七、太祖建国碑

根据《辽史》记载，辽太宗于辽天显七年（932年）“六月戊辰，御制太祖建国碑”。但并没有说明此碑建在何地何处。一个半世纪后，太祖建国碑出现在宋人的诗里，从而确定了太祖建国碑就建在辽上京皇城内，具体地点在南门——大顺门内。

辽壁画“出行图”（敖汉旗出土）

这个写诗的宋人，其实也是大辽国人，名叫赵良嗣，说起来大辽国灭亡与他还有直接的关系。

赵良嗣原名叫马植，本是辽王朝南京（即今北京，辽后期称燕京）人，出生于辽朝汉族世家大族之一的马氏家族，曾官至辽廷光禄卿，因生活作风有问题，而受到社会的“热议”，由此对社会产生不满，对辽王朝怀恨在心，甚至产生了推翻辽王朝的想法。辽天庆元年（1111年）北宋“六贼”之一的童贯出使辽国，寻求收复燕云十六州计策，在返回宋廷时途经燕京小驻。赵良嗣得到这一消息后，自言有收复燕地计策求见。童贯本为寻求收复燕云计策而来，一听有人献

辽兴中府北塔（朝阳北塔）浮雕

计，便连夜接见。赵良嗣于是向童贯献上了宋与女真人联手灭辽收复燕云计策。

童贯非常高兴，把马植的名字改为李良嗣带回宋廷推荐给宋徽宗。宋徽宗很欣赏地采纳了马植的计策，并赐他姓名为赵良嗣，任命为秘书郎丞，与童贯共同筹划与女真人联手收复燕云的具体事宜。在此后的近十年间，赵良嗣以宋廷使臣身份数次往返于北宋与女真之间，终于促使双方达成了联合灭辽的意向。

辽天庆十年（1120年）赵良嗣再次出使金国（女真人首领阿骨打于公元1115年建立大金国），准备最后敲定双方联合灭辽盟约，行至途中得到阿骨打已经率兵马前去攻打辽上京城的消息，便改道而行追至金军中见到了阿骨打。阿骨

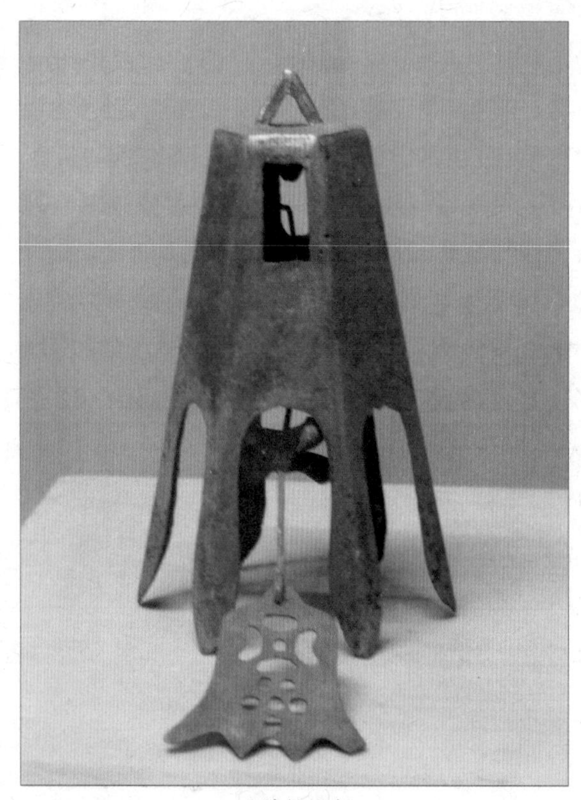

辽塔铜风铎

巴林左旗辽墓出土壁画

打并没有与赵良嗣商议双方灭辽事宜，而是让其随军而行，待金军攻取辽上京城后双方再商议具体灭辽事宜。

赵良嗣随金军进至辽上京城下，与阿骨打站在辽上京汉城西南侧的土龙山冈，即今辽上京南塔所在山冈上一起观看金兵攻打辽上京城。金兵确实勇猛，只用了半天时间便攻陷了辽上京城（公元1120年5月）。赵良嗣与阿骨打从山冈上下来，骑马并辔先进入汉城，然后又从南偏门进入皇城，过五鸾、宣政等殿，在延和楼摆设酒宴庆

祝。

赵良嗣当时肯定是相当亢奋，在得意自己计策正在实现之余，还诗兴大发，借着酒劲挥笔作了一首《看辽上京为金人所破诗》："建国旧碑胡月暗，兴王故地野风干。回头笑向王公子，骑马随军上五銮。"

诗中所提到的建国碑和五鸾殿，肯定在辽上京皇城内，并在赵良嗣自南偏门至延和楼的路线上，且对他产生了深刻的印象，否则是不会入诗的。

根据《辽上京城址勘查报告》，经过钻探，皇城内发现了大小街道15条，其中，5条东西横街，10条南北纵街（皇城内的街道肯定比这个数字要多得多）。从汉城西门进入汉城，再进入皇城，走南偏门至景福门再到承天门进入大内，是一条捷径。有人根据赵良嗣的这首诗对照《辽史》及《辽上京城址勘查报告》考证，赵良嗣与阿骨打进入辽上京城的大致路线是：由汉城自南偏门进入皇城北行，经景福门至承天门进入大内，路过五鸾、宣政等殿，再到延和楼饮酒。

大延琳反叛

大延琳，渤海国王族。契丹兴起后，渤海国灭亡，大延琳任辽朝东京将军。因不满契丹对渤海国人的压迫，大延琳于1029年乘辽朝内讧之机，纠集渤海人在东京辽阳府反叛，一度建立了政权，定国号为兴辽。大延琳自称天兴皇帝，定年号为天庆。起义后，大延琳立即派人向北与黄龙府兵马都部署黄翩联系、向东与保州渤海太保夏行美联系，但并未的到相应。其后，与大延琳共谋起义的东京副留守王道平叛变，遣使向辽帝告密。辽圣宗皇帝急忙调遣多路大军前来镇压。1030年，大延琳兵败退守辽阳，叛徒献城投降。大延琳起兵反辽失败，被辽朝擒拿禁囚。

根据《辽上京城址勘查报告》，在正殿（开皇殿）前方的左右两侧，有东西对称的两座偏殿，均为坐北朝南向，属于大内正殿（开皇殿）的陪衬建筑。其中，东偏殿位于开皇殿东翼南端，由4座台基组成长宽各50米的方形庭院；西偏殿位于开皇殿的西南角，也是由4座台基组成的长宽各50米的方形庭院。从承天门进入大内到开皇殿（正殿）要从这两座偏殿中间经过，因此，这两座偏殿中应有一座是五鸾殿。

辽代绿釉壶

辽淡彩十方佛法舍利塔
（辽庆州白塔出土）

现今辽上京皇城遗址南部仍存有一座龟趺，位于皇城南门大顺门内南侧、南偏门内北侧。1965年，在辽上京汉城遗址的村庄中征集到两块残碑，分别长30厘米、宽20厘米左右，上有完整的契丹大字105个。据当时调查，两残碑石早年由农民拾于皇城南门附近，有可能就是龟趺上之石碑残块，也就是太祖建国碑残块。

大顺门和南偏门是连接皇城与汉城的通道，出入人员较其他城门要多得多，太祖建国碑立于此处，进出皇城和汉城的人们时时都可见到此碑，以彰显阿保机建国的丰功伟绩，是再合适不过了。由此不难看出，辽太宗将太祖建国碑建于南门附近，还是动了一番脑筋的。

赵良嗣随阿骨打以胜利者的姿态，骑马并辔进入皇城后的第一眼所见便是辽太祖建国碑，两人或下马或骑在马上阅读了碑文。而碑文的内容肯定也多是一些歌功颂德的溢美之辞，给赵良嗣留下了深刻的印象，从而写入诗中。

从太祖建国碑的龟趺和残碑仍存在于现今地表来看，此碑当被毁于近代，如同距离龟趺不远处的无首石人一样，太祖建国碑，既铭记着辽太祖阿保机建国的丰功伟绩，也见证了契丹大辽王朝建立、兴盛、衰落、灭亡及辽上京城繁荣、萧条、湮灭的整个历史过程。

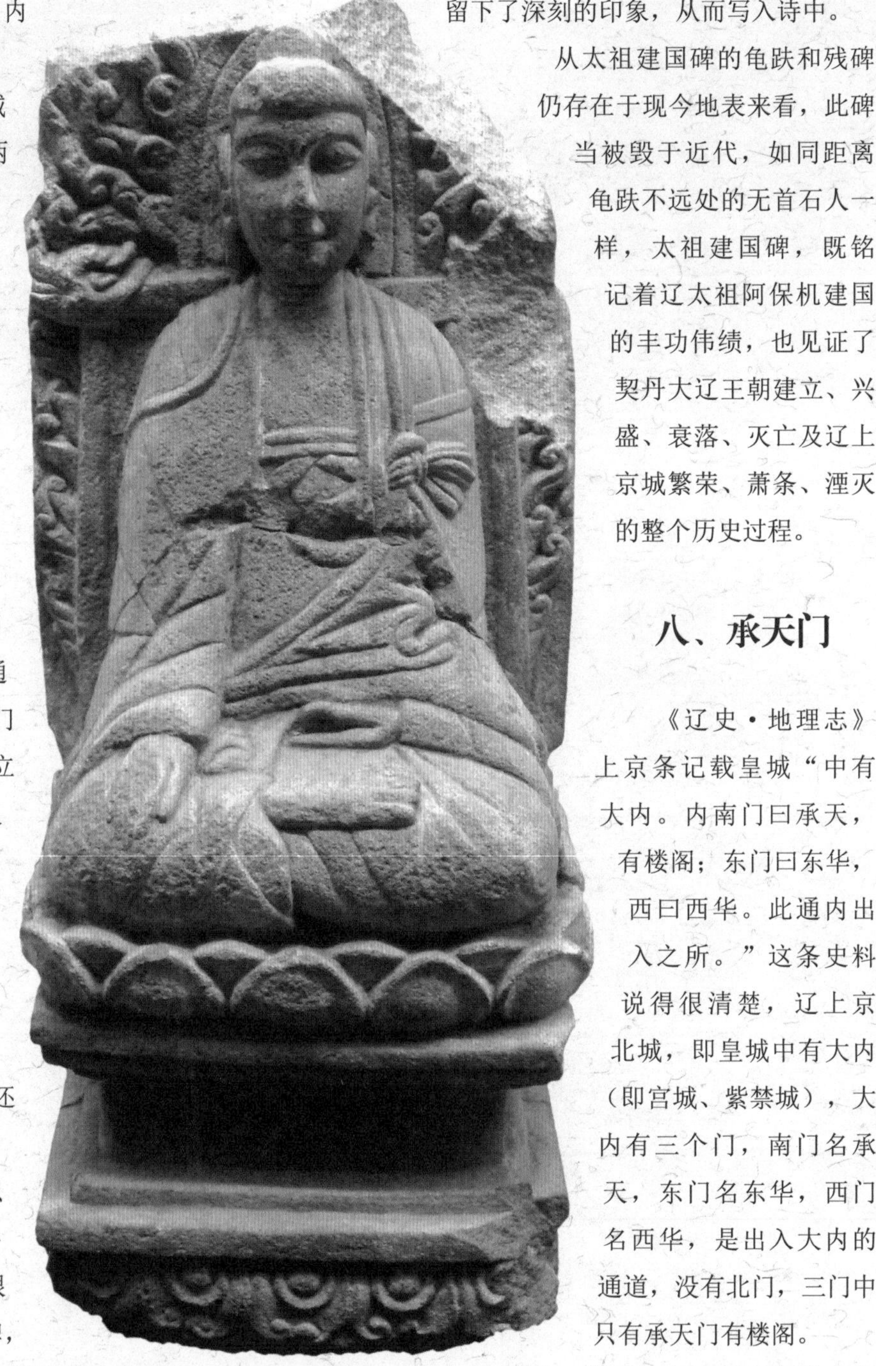

辽石雕佛像

八、承天门

《辽史·地理志》上京条记载皇城“中有大内。内南门曰承天，有楼阁；东门曰东华，西曰西华。此通内出入之所。”这条史料说得很清楚，辽上京北城，即皇城中有大内（即宫城、紫禁城），大内有三个门，南门名承天，东门名东华，西门名西华，是出入大内的通道，没有北门，三门中只有承天门有楼阁。

根据《辽上京城址勘查报告》，大内位于皇城中部偏北的丘岗上，有南北经路和东西纬路交会于大内中心。东西纬路南侧有一平行的东西隔墙，将大内分为南（前）北（后）两个院落（根据《辽史》记载，辽廷北枢密院在大内北院，南枢密院在大内南院，与此相符），南北经路又将南北两个院落各分为东西两个区域。北院西部是以开皇、五鸾、安德三大殿为主的固定性宫殿建筑区域，东部是安置庐帐区域；南院西部是以宣政、昭德两大殿为主的固定性宫殿建筑区域，东部是安置庐帐区域。大内北墙东西长450米，没有门（与《辽史》记载相符）；西墙探出长约350米，东墙和南墙及三门因城址破坏严重没有探出。在大内南面的适中处，即南北经路之南，有一建筑遗址，东西长36米，南北宽20米，此建筑遗址即为承天门址。

笔者以为，关于承天门址还需进一步的勘查确定，在没有确定大内南墙位置之前，关于承天门址只能是推测。而根据《辽史》的有关记载，承天门应当就是《辽史》中所提到的南门，这还要从辽太宗扩建皇都城说起。

《辽史·地理志》上京条中有“天显元年（926年），平渤海归，乃展郛郭，建宫室，名以天赞。起三大殿：曰开皇、安德、五鸾”的记载。根据这条史料，一般以为扩建皇都城是从天显元年开始的，其实未必。因为这条史料有明显的两点错误，一是年号有误。天赞是辽王朝922年至926年2月的年号，共使用了五年，926年即辽天赞五年正月阿保机灭亡渤海国，2月下诏改天赞五年为天显元年。也就是说，天赞年号的使用在天显年号之前；二是开皇殿由太祖阿保机建于914年，而不是由辽太宗建于天显元年。不过，这条史料所记事件应都是史实，只是记载笼统而已。

这条史料应该理解为：扩建皇都城是在天显元年（926年）灭亡渤海国之后，具体扩建内容包括展郛郭、建宫室，开皇（不是新建，应为扩建或修葺）、安德、五鸾等殿宇都是这一时期建筑的。之所以这样说，是因为天显元年，无论是述

“城市公安”——警巡院

辽代官署名，起初设置五京警巡院，职官设有警巡使和副警巡使，主要负责城市治安，兼理狱讼。值得注意之处就是，各地契丹人犯法，先后警巡院审理。后金朝承袭，执掌设置基本没有太大的变化，职官方面稍有变动。元朝在辽金的基础上，对警巡院做了局部调整，先后设置了大都左、右警巡院及上都警巡院。辽金元的警巡院作为专门管理城市治安、刑狱的机构，其出现时间要比欧洲早，因此有学者将其称为世界上最早的警察机构。

辽代黄釉鸡冠壶

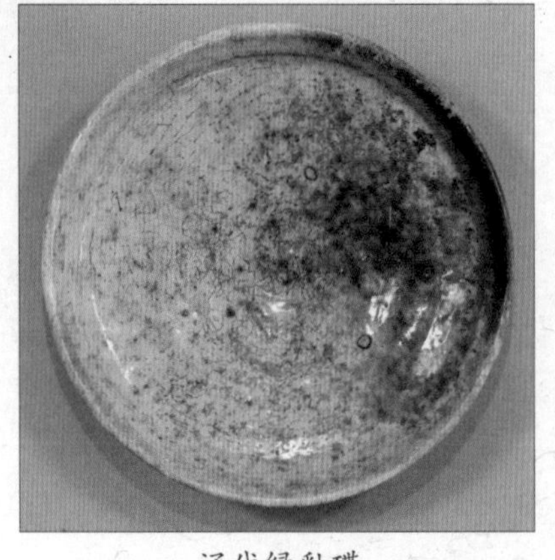

辽代绿釉碟

律平还是辽太宗都没有扩建皇都城的时间。

阿保机于天赞五年（926年）正月灭亡渤海国，2月改天赞五年为天显元年，3月开始北返，在途中行走3月有余，7月病逝于原渤海国扶余府，述律平权摄军国大政；8月述律平扶着阿保机灵柩继续北返，耶律德光和太子耶律倍相继从原渤海国（时已改为东丹国）赶到述律平行在，9月阿保机的灵柩运回到皇都城，权殡于子城西北。此时北方已进入冬季，不适合搞建筑工程；此后一直到天显二年（927年）八月阿保机下葬于祖陵的一年时间里，述律平一边建造太祖陵，一边屠杀拥立太子耶律倍当皇帝一派人，是没有心思考虑扩建皇都城的；天显二年十一月，即阿保机下葬3个月后，辽太宗才即皇帝位，也才有可能考虑扩建皇都城的问题，而此时正是北方天寒地冻季节，是不适合搞建筑的。因此，辽太宗最快也要在天显三年（928年）五月下诏扩建皇都城。

辽代铜镜

从《辽史》记载来看，辽天显三年（928年）五月至六年（931年）八月，辽太宗主要搞了如下建筑工程：祖州天膳堂（928年5月）、义节寺内断腕楼（928年）、仪坤州应天皇太后（述律平）诞圣碑（928年8月）、搬迁渤海国到辽阳（928年末完成）、祖州（辽太宗于929年4月幸天成军即祖州拜谒太祖陵，5月拜谒祖州城内二仪殿，说明此时祖州主体建筑已经完工或正在建设中）、修南京（930年2月）、日月碑（930年8月）、太祖圣功碑（930年10月）等；天显六年（931年）九月“诏修京城”。

也就是说，就建筑工程而言，辽太宗即位后的三年多时间里，把主要精力用在了三个方面：一是完善祖州、祖陵的附属建筑，为太祖树碑立传；二是为母后树碑立传；三是为逼走皇兄耶律倍而搬迁东丹国

辽代妙音鸟石刻

辽墓壁画《烹饪图》

（即原渤海国）到辽阳。第三件事因涉及皇位问题，无疑会牵涉他更多的精力。因此，辽天显五年（930年）十一月耶律倍浮海避居后唐后，辽太宗才把心放在了肚子里，于第二年（931年）九月“诏修京城”。也就是说，辽太宗于天显六年（931年）九月才下诏扩建皇都城，而此时北方已经进入冬季，不适合搞建筑工程，因此，大规模扩建皇都城应是第二年（932年）的初夏（农历4月份）。

这次大规模扩建皇都城，包括对原来城墙加宽增高、增筑马面（敌楼）、建筑郛郭（包括汉城）、大内（即宫城，包括建筑安德、五鸾、扩建开皇等宫殿和修筑大内宫墙等）、整修城内道路等。也就是说，在这次扩建皇都城的过程中，修建了大内，将皇城分为内城（大内）和外城两部分，大内设东西南三门。不过，从《辽史》的有关记载来看，此时的大内三门名称，并不一定就是西华、东华、承天等名称。

《辽史·地理志》上京条载“中有大内。内南门曰承天，有楼阁；东门曰东华，西曰西华。此通内出入之所。正南街东，留守司衙，次监铁司，次南门，龙寺街”，这条史料提到了一个

辽镂花鎏金铜男冠（阿鲁科尔沁旗出土）

南门，而这个南门无疑是指大内的南门。如此一来，大内便有了两个南门——南门和承天门。

根据《辽上京城址勘查报告》，上述史料中所提到的正南街已经勘查确定，宽10米左右，长达900米，其南端与皇城南门大顺门衔接，北端入大内，中间有东西横街交叉或相接，是皇城内一条主要南北经路。南门位于南门街（因南门而得名，东西横街，位于大内的南面）与正南街十字交叉的北侧，正处于正南街进入大内的要道上，

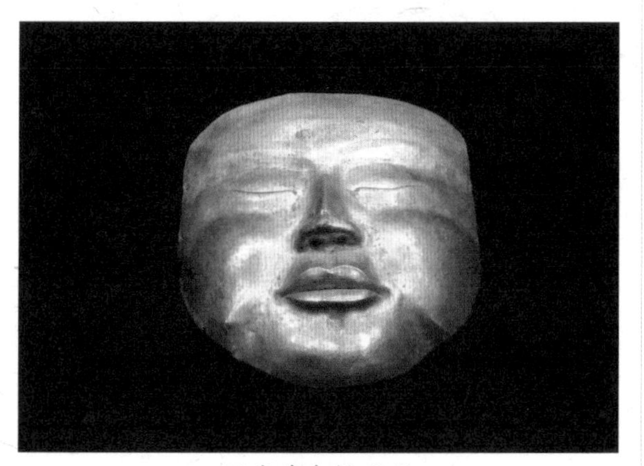
辽代鎏金银面具

辽代花押印

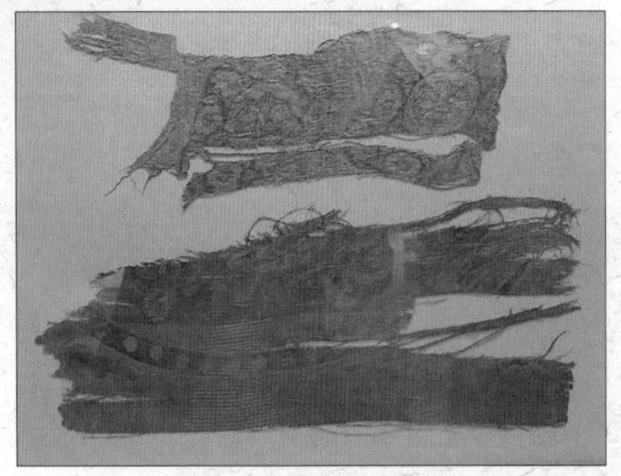

辽罗地秀花丝织品（翁牛特旗出土）

大林牙院

辽代官署名，设于北面官系统。《辽史·百官志》对其记载十分简略。只提到“掌文翰之事”，下设北面都林牙、北面林牙承旨、北面林牙、左林牙、右林牙，职位高低按序下降。“林牙”意为“学士”，那么“大林牙院”可以理解为“翰林院”。辽代以大林牙院和翰林院为核心，构成了一个知识阶层。这一阶层在很大程度上代表着辽代文化的发展水品。值得注意的事，不能简单地将大林牙院等同于翰林院，因为契丹建立的辽代在许多方面都存在着独特之处，例如辽朝在军、政、农、牧等部门都设置有“林牙”。

而勘查出的承天门位于南门东北100米处。

从《辽上京城址勘查报告》中“辽上京皇城遗迹名称复原示意图”来看，南门与承天门不在一条东西线上，而两门址必有一处是大内南墙位置。从探出的承天门址与正南街不在一条南北线上，与南门街也不在一条东西线上来分析，此处并不是大内承天门址，南门址才是承天门址。

对照《辽史》和《辽上京城址勘查报告》，笔者以为大内修建完成时的三门名称应是南门、西门、东门，大内南墙外有一条东西横街因南门而取名为南门街，南北纵向的正南街南端与皇城南门大顺门相通进入汉城，北端则与南门街交叉进入大内。也就是说，大内南门位于正南街与南门街交叉北侧，这个南门也就是大内承天门。

那么，南门又是什么时间改称承天门的呢？这里面自然有故事，那就是与辽太宗获取燕云十六州有关系。

辽天显十一年（936年），中原后唐太原节度使石敬瑭为图中原龙椅，以向契丹称儿称臣割让燕云十六州为条件结契丹为外援，辽太宗立即挥兵南下灭亡后唐政权，将石敬瑭扶上中原龙椅。但辽太宗并没有立即将燕云十六州接管过来，而是推迟了近两年时间才从石晋手中接过燕云十六州地籍。在这近两年的时间里，契丹与石晋关系非常密切，使臣往来频繁，其中所涉事项就包括移交燕云十六州问题。

辽天显十二年（937年）六月，即辽太宗将

辽墓壁画（巴林左旗出土）

辽代龙纹石棺板

石敬瑭扶上中原龙椅回到契丹不到半年（辽太宗自936年12月从太原北返，第二年正月才回到皇都），石敬瑭便派使臣到契丹请求上辽太宗尊号、献燕云十六州地籍及三十万岁贡，辽太宗不许；当年八月石敬瑭又派使臣到契丹请求上辽太宗尊号，辽太宗仍然没有批准；辽会同元年（938年）五月石晋再派使到契丹请求上辽太宗尊号，辽太宗才同意；当年七月辽太宗在赐给石晋良马的同时，派遣中台省右相耶律述阑和临海军节度使赵思温到石晋册封石敬瑭为英武明义皇帝；当年九月石敬瑭派宰相冯道等为大辽国太后册礼使、左仆射刘昫等为大辽国皇帝册礼使、赵莹等为献十六州地籍使分别出使契丹；当年十一月辽太宗从石晋使臣赵莹手中接过燕云十六州地籍。

从上述史料可以看出，辽太宗把石敬瑭献燕云十六州地籍的时间推迟了近一年半的时间（即937年6月石敬瑭主动献燕云十六州地籍到938年11月辽太宗接过十六州地籍）。那么，辽太宗为什么要推迟石晋献十六州地籍的时间呢？这里面当然不排除一些客观因素，如石敬瑭坐上中原龙椅时，燕云十六州的一些地区还控制在后唐将领的手里，辽太宗不可能自己出兵去攻取，要等石敬瑭自己摆平后唐将领后再接收十六州，这自然需要时间；再比如辽太宗要弄清楚燕云十六州地界后再接收过来，这也需要时间等等。但是，这里面还有一个很重要的原因，那就是辽太宗在如何接收和管理燕云十六州及如何长期维系与中原石晋政权的“父子”关系上做了大量的准备工作，这自然更需要时间。

就如同一个老道的猎手打猎一样，如果说辽

辽庆州白塔饰物——贴面垂兽（现存于巴林右旗博物馆）

太宗在接到石敬瑭割让燕云十六州、自称“儿皇帝”的条件时，考虑的是如何才能把“猎物”弄到手的话，那么，当他灭亡后唐把石敬瑭扶上中原龙椅后，考虑的则是如何享受和消化“猎物”的问题了。

就当时的局势而言，辽太宗灭亡后唐将石敬瑭扶上中原龙椅后，在获得燕云十六州和石敬瑭这个“儿皇帝”的同时，还使中原石敬瑭的后晋政权成为契丹的附庸，即契丹与中原的石晋政权变成了宗属国关系，而后者的意义要远远地大于前者。因此，辽太宗在考虑如何接收和管理燕云十六州的同时，考虑更多的是如何使中原的石晋政权长期地成为契丹的附庸。很显然，要想使中原的石晋政权长期地成为契丹的附庸，光石敬瑭这个“儿皇帝”听话还不行，还必须要让石晋政权的文武百官们认同契丹。

那么，如何才能使石晋的文武百们认同契丹呢？缩小北（契丹）南（中原）之间的文化差异，使石晋政权的官员们来到契丹后，不要有太大的心理反差，无疑是辽太宗首先要考虑的问题。因此，为了达到这一目的，辽太宗利用近两年的时间，在皇都城里增加了汉文化元素，增建了许多中原式建筑，而承天门就是他的点睛之笔。我们可以从《辽史》的有关记载中窥视一二。

关于石敬瑭给辽太宗上尊号、献燕云十六州地籍一事，《辽史》记载得非常清楚：《辽史·地理志》上京条是这样记载的：“太宗援立晋，遣宰相冯道、刘昫等持节，具卤簿、法服至此，册上太宗及应天皇后尊号。太宗诏蕃部并依汉制，御开皇殿，辟承天门受礼，因改皇都为上京。”《辽史·太宗纪》记载的则更为详细：

宣徽院

中国古代官署名，唐朝后期设置。后辽会同元年（938），设置宣徽北、南院，官职有北、南院宣徽使、知事、副使、同知等官。其后，南北面官系统都设置有宣徽院。宣徽院的职掌颇为繁杂，据史料记载其主要功能为“御前祗应”，即负责经办皇帝身边的有关事务或与皇帝相关的事情。但至辽太祖时期起，战事频繁，各级官员均有承担行军打仗的义务，宣徽院某些职官往往因战事需要承担军务。另外，宣徽院职官还常常作为使者出使他国。如史料记载，他们经常作为使臣南下宋朝。

938年“十一月甲辰朔，命南北宰相及夷离堇就馆赐晋使冯道以下宴。丙午，上御开皇殿，召见晋使。壬子，皇太后御开皇殿，冯道、韦勋册上尊号曰广德至仁昭烈崇简应天皇太后。甲子，行再生柴册礼。丙寅，皇帝御宣政殿，刘昫、卢重册上尊号曰睿文神武法天启运明德章信至道广敬昭孝嗣圣皇帝。大赦，改元会同。是月，晋复遣赵莹奉表来贺，以幽、蓟、瀛、莫、涿、檀、顺、

辽代福寿家安铜镜

辽代滑石质佛头像

妫、儒、新、武、云、应、朔、寰、蔚十六州并图籍来献。于是诏以皇都为上京，府曰临潢。升幽州为南京，南京为东京。改新州为奉圣州，武州为归化州。升北、南二院及乙室夷离堇为王，以主簿为令，令为刺史，刺史为节度使……麻都不为县令，县达剌干为马步。置宣徽、閤门使，控鹤、客省、御史大夫、中丞、侍御、判官、文班牙署……

以上史料记录了契丹国家历史上几件大事，一是改契丹国号为大辽，改天显年号为会同；二是升皇都为上京，设置南京（即幽州，今北京）、东京（今辽阳，原契丹南京）两陪都；三是改革契丹国家原有职官名称，仿效中原石晋朝官制设置衙门和职官。

关于辽太宗改国号事件，《资治通鉴》也有相应的记载："是岁，契丹改元会同，国号大辽，公卿庶官皆仿中国，参用中国人，以赵延寿为枢密使，寻兼政事令。"

从上述史料中不难看出，辽太宗在接收燕云十六州的同时，对契丹国家进行了一系列的改革，从国家、首都名号到官衙、职官名称都进行了改革。从内容上来看，这无疑是一次汉化改革。如大辽国号相对大契丹国号而言，是一个汉化的国号；升皇都为上京，设置陪都也是仿效中原五代之制；刺史、县令等则是直接借用的中原职官名称等。很显然，这样的汉化改革，绝不是一时兴起或一时冲动，而是经过深思熟虑和充分准备的。也就是说，这是辽太宗经过充分酝酿和认真考量后才作出的决定，目的显然是为了与中原的石晋政权相对接，以缩小北南之间的文化差异。

在这次汉化改革过程中，承天门是辽太宗的点睛之笔。"御开皇殿，辟承天门。"一个

辽墓壁画

“辟”字，明确地告诉我们，承天门是辽太宗为了欢迎献燕云十六州地籍的石晋使臣而特意修建的，也就是特意将大内南门改建为楼阁式承天门（与此同时将大内西门改称西华门，东门改称东华门）。那么，为什么要把大内南门改建为承天门呢？

顾名思义，承天门取“承天启运”、“受命于天”之意，与中原王朝皇帝的“奉天承运，皇帝诏曰”的圣旨格式一样，是“君权神授”的产物，是皇权至高无上的象征。承天门作为“君权神授”和皇权至高无上的象征，是中原王朝皇都城的重要建筑，位于皇都城的要枢位置。唐朝首都长安城的承天门位于整座皇都城的中轴线上，是宫城的正南门，是皇城进入宫城的通道；今北京天安门在明朝时称承天门，清朝顺治皇帝改为今名，也位于整座都城的中轴线上。

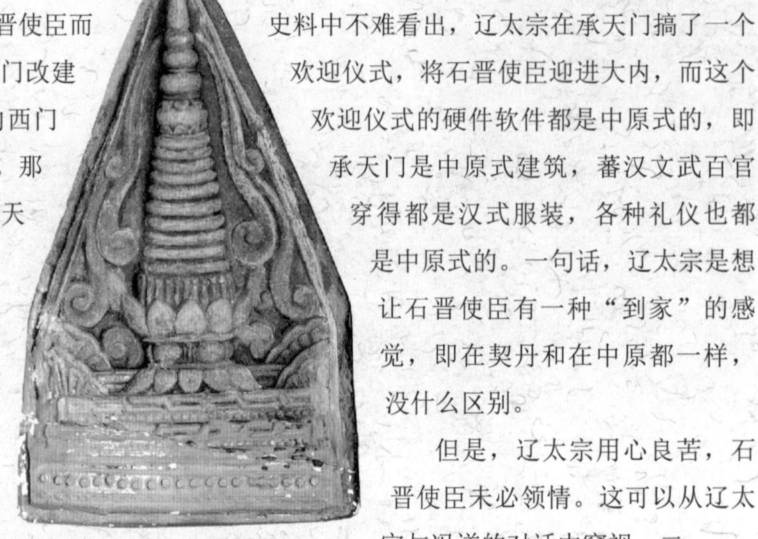

辽代陶塔范

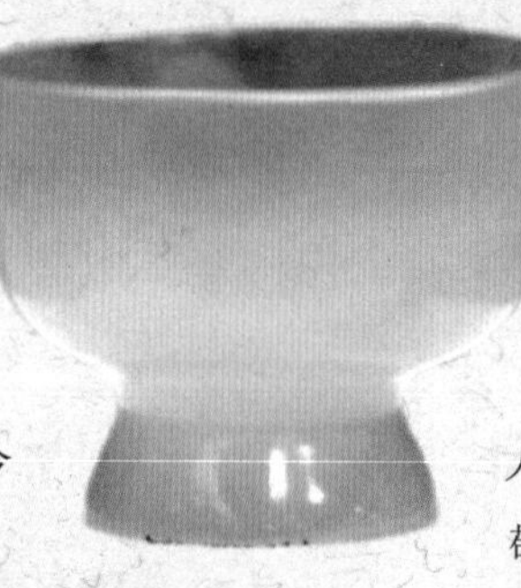

辽黄玛瑙盅

辽太宗仿中原都城格式将大内南门改建成楼阁式并取名为承天门，用意非常明显，一是彰显自己至高无上的地位。即我耶律德光不仅仅是契丹皇帝，而且还是中原石晋的“父皇帝”；二是缩小北南之间的文化差异，为石晋使臣营造“到家”的氛围。从上述史料中不难看出，辽太宗在承天门搞了一个欢迎仪式，将石晋使臣迎进大内，而这个欢迎仪式的硬件软件都是中原式的，即承天门是中原式建筑，蕃汉文武百官穿得都是汉式服装，各种礼仪也都是中原式的。一句话，辽太宗是想让石晋使臣有一种“到家”的感觉，即在契丹和在中原都一样，没什么区别。

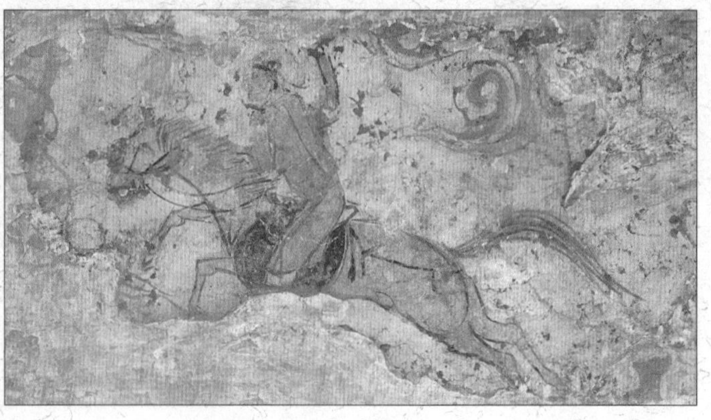

辽墓壁画

但是，辽太宗用心良苦，石晋使臣未必领情。这可以从辽太宗与冯道的对话中窥视一二。

冯道是我国五代时期鼎鼎大名的政坛“常青树”、“不倒翁”，在五代中的后唐、后晋、后汉、后周四个朝代为官，事十君，三为中书，在相位二十余年，是一个左右逢源、玲珑八面的人物。冯道在后唐就已经位居宰辅，石敬瑭当上“儿皇帝”后，冯道又升为首席宰辅。当时，后晋朝中大臣多不愿意出使契丹，石敬瑭想选一个到契丹给述律太后和“父皇帝”上尊号的人都很困难，无奈之下把这一任务交给了冯道。冯道位居首宰，自然是没有退路，便勇敢地承担了这一任务。辽太

辽代黑釉罐

宗早就听说过冯道的名声，便想亲自出皇都城迎接，在臣僚们“天子无迎宰相之礼”的劝说下，才没有出城相迎。但还是给予隆重接待，赐予冯道牙笏和牛头等殊礼，冯道则照单全收，并即兴作“牛头偏得赐，象笏更容持”等诗句来表达自己受到殊礼的兴奋心情。辽太宗看到冯道的诗后，非常高兴，劝冯道留在契丹工作。冯道则回答说：“南朝为子，北朝为父，两朝皆为臣，岂有分别哉！”意思是北朝与南朝为父子关系，我作为臣子的在北朝或在南朝工作还不都一样。辽太宗听后心里非常舒服，便放了冯道。

这件事见于《旧五代史·冯道传》，用以说明冯道处事圆滑、左右逢源。但是，这件事至少透露着这样一些信息：那就是辽太宗很爱惜人才，甚至不择手段地从石晋朝中“掠夺”人才。而为了让中原的人才留在契丹工作，辽太宗肯定也是要给他们创造一个比较认同的工作环境——中原式的办公场所及环境。

总之，承天门是辽太宗为了欢迎石晋使臣献十六州地籍所建，目的是为了彰显他这个既是契丹皇帝、同时也是中原石晋“父皇帝”的至高无上的地位和尊严。

由于改大内南门为承天门时，南门和南门街的名称已经流行了五、六年的时间（大内建于932年左右，改南门为承天门是937或938年），就如同西楼是终辽一世皇都和上京的同义词一样，南门作为承天门的同义词，也始终存在于人们的日常行为之中。

九、齐天皇后宅与元妃宅

《辽史·地理志》上京条记载“其（汉城）

辽铜鎏金折肩罐（赤峰市出土）

辽宁义县大佛寺内辽代水井

辽代石磨

北谓之皇城，高三丈，有楼橹……西南国子监，监北孔子庙，庙东义节寺。又西北安国寺，太宗所建。寺东齐天皇后故宅，宅东有元妃宅，即法天皇后所建也。”

辽围棋（现存赤峰市博物馆）

《辽史》共为大辽9帝16位后妃立传（大辽9帝后妃数要远远地超出这个数），这16位后妃自然要在上京皇城中有住所，但《辽史·地理志》上京条中只记载了皇城中有齐天皇后和元妃的住宅，这不应该是史家的误笔，而是齐天皇后宅和元妃宅是上京皇城中的两座特殊宅院，记录着终辽一世最残酷的后宫权争事件，值得浓墨着笔。

后宫权争，主角虽然是后妃，但后台却是后族。辽廷后族，主要是指拔里氏和乙室已氏两族，原来称审密氏，契丹遥辇氏汗国建立时析分为拔里氏和乙室已氏二部，是世与遥辇氏和耶律氏通婚的部落。根据契丹汗国政治体制，汗族与后族同掌朝政，权力分配是：汗族掌汗权，后族掌后权和北府宰相之权（即可汗妻子之族的男人们担任北府宰相之职）。因此，拔里氏和乙室已氏是契丹诸部落中势力非常强大的两个部落，阿保机建国后，在把自己家族著姓为耶律氏并兼姓西汉皇族刘姓的同时，赐拔里氏和乙室已为西汉丞相萧何之“萧姓”。

俗话说，树大分叉，家大分支，随着时间的推移，拔里氏和乙室已发展为众多的家支，而一个可汗同时只能有一个可敦（突厥语对可汗妻子的称谓，等同于中原皇帝的皇后），众多家支间为了争夺一个可敦之位，时有流血案件发生，也不断有新的后族显贵家支产生，述律平家族便是在契丹建国初期崛起的一个强势后族。

述律平家族的崛起与其家族帮助阿保机开国称帝有关系，而述律平及其诸兄弟们与阿保机又都是姑表兄弟妹的关系，这还要从阿保机的姑姑耶律氏说起。耶律氏先嫁给乙室已氏萧氏为妻生萧敌鲁等兄弟，

辽中京大明塔浮雕

辽墓壁画

辽代双陆棋子（巴林左旗出土）

后又改嫁给拔里氏述律月椀为妻生述律平、萧阿古只、萧室鲁等姐弟。述律平自不必说，萧敌鲁和萧阿古只、萧室鲁等都是辽初著名军事将领，在阿保机攫取汗权和开国称帝过程中都发挥了重要的作用。阿保机开国称帝后曾加封了二十一位佐命功臣，并把他们比拟为自己身上的器官，其中萧敌鲁被比拟为“手”，萧阿古只被比拟为“耳”，萧室鲁的拟号虽然不清楚，但他却娶了阿保机与述律平的女儿质古为妻（舅甥婚），两人所生女儿萧温又嫁给辽太宗为皇后，说明其功劳和能力都不在两兄弟之下。由于述律平的关系，这几兄弟在阿保机担任契丹可汗后，便成为国舅和后族。

阿保机担任契丹可汗后的第四年（910年），萧敌鲁被任命为北府宰相，其家支同时获得世选北府宰相的特权，标志着述律平家族的崛起；萧敌鲁病逝后（918年），其异父同母弟萧阿古只（述律平胞弟）接任北府宰相，其家支也取得了世选北府宰相的特权，进一步巩固了述律平家族的政治地位。

辽天赞元年（922年），阿保机在将迭剌部耶律氏皇族分为横帐、三父房、二院皇族的同时，将妻子述律平家族也从本部族中独立出来升为国舅帐。即述律平父亲述律月椀所在的拔里氏和述律平母前夫（萧敌鲁的父亲）所在的乙室已氏均

辽代石狮子

印花三彩套盒（赤峰市出土）

升为国舅帐。从此，以萧敌鲁家支（述律平母前夫之族）为代表的新的乙室已氏和以萧阿古只家支（述律平父亲述律月椀之族）为代表的新的拔里氏，取代原来意义上的乙室已氏和拔里氏后族（即原来世与遥辇氏和世里氏通婚的家族），被称为辽廷（指阿保机担任可汗的契丹政权）二国舅帐。

辽天显十年（935年）辽太宗下诏“皇太后（述律平）父族及母前夫之族二帐并为国舅，以萧缅思为尚父领之。”这条史料所说的“皇太后父族”，是指以述律平父亲述律月椀家族为主的拔里氏国舅帐，“母前夫之族”则是指以述律平异父同母兄长萧敌鲁父亲家族为主的乙室已氏国舅帐。拔里氏国舅帐又分为大父和少父两房，其中述律平同父同母弟萧室鲁（辽太宗的岳丈）一支为大父房，另一同父同母弟萧阿古只一支为少父房；乙室已氏国舅帐分为小翁和大翁两帐，其中述律平异父同母兄长萧敌鲁一支为小翁帐，萧敌鲁族弟萧忽没里（萧燕燕家族）一支为大翁帐。辽大同元年（947年）辽世宗将母亲之族也升为国舅帐，称为国舅别帐。终辽一世200余年，辽廷后族即指这三国舅帐五房。但是，国舅别帐并没有产生过皇后，辽廷皇后主要出自乙室已氏和拔里氏二国舅帐四房。因此，辽廷后宫之争，主要是在乙室已氏和拔里氏二国舅帐之间展开。

二国舅帐虽然都与述律平有关系，但从血缘关系来讲，述律平属于拔里氏国舅帐人（以父系为主），因此，拔里氏国舅帐在契丹建国初期比较强势，辽廷前三位皇帝的皇后都出自这一家族，即太祖皇后述律平、太宗皇后萧温（大父房萧室鲁之女）、世宗皇后萧撒葛只（少父房萧阿古只之女）。穆宗皇后萧氏，史料中没有明确记载是哪个国舅帐人，甚至连名字都没有留下，也没有子嗣。但是，萧氏是在穆宗耶律璟为藩王时嫁给其为妃，耶律璟出生于辽天显六年（931年），8岁（939年）时封为寿安王，契丹人有早

辽代陶佛头像

大惕隐司

辽代官署名，属北面官系统，与大于越府在设置方面类似，只是独立地设置了一个机构，内部没有南、北之分。可见其带有较浓的契丹特色。“惕隐”据《辽史·百官志》记载，又读作“梯里已”，另据《辽史·国语解》解释为“典族属官”，即宗正。这一官职设置于辽太祖时期。大惕隐司除负责皇家宗族事务外，还兼有“皇族政教”的职责，即参与繁复的辽代皇族祭祀仪式以及规范皇族子弟行为的人物。

婚习俗，他在15岁（946年）之前应该纳妃，当时辽太宗在世，述律平掌权，她自然是要把娘家即拔里氏国舅帐女人嫁给孙子耶律璟为妃的，以备将来册封为皇后。也就是说，穆宗耶律璟的皇后萧氏也可能出自拔里氏国舅帐，这一来，辽廷前四位皇帝的皇后就都出自拔里氏国舅帐，即述律平家族。

不过由于辽太宗病逝后，述律平在与孙子辽世宗耶律阮争夺皇权斗争中失败被囚禁于祖陵，拔里氏国舅帐势力受到沉重打击，乙室已氏国舅帐势力开始爬升。辽景宗耶律贤即位后为了巩固皇权，诏乙室已氏国舅大翁帐的萧燕燕入宫册封为皇后，终于打破了拔里氏国舅帐垄断皇后之位的格局，拔里氏与乙室已氏二国舅帐围绕着后权也随之进入新一轮的竞争。

萧燕燕是作为“政治交易品”进入后宫的。由于辽穆宗耶律璟没有子嗣，皇位继承人便成为诸显贵大臣们所猜度的对象，在众多的接近皇位的皇储人员中，耶律罨撒葛和耶律贤两人脱颖而出。

耶律罨撒葛是辽太宗的嫡子，穆宗耶律璟的胞弟，是兄长耶律璟之后最有希望接皇帝班的人；耶律贤是世宗耶律阮的嫡子，当然也有当皇帝的资格。这两人自然也都清楚自己距离皇位有多远，或暗或明地瞄着那把只能坐一个人的龙椅。于是，辽廷便出现以这两人为核心竞选下任皇帝的两个“政治集团”。

耶律璟当上皇帝后喜欢喝酒打猎，于是就把朝政委托给了弟弟罨撒葛，罨撒葛由此开始代兄长处理朝政，成为不是皇帝的皇帝，将来转正似乎已是板上钉钉的事情。但他并没有好好地珍惜这样的机会，先后两次起来图谋皇位，想提前转

辽代花押印

辽代黄釉吐盂

辽代化石玦

辽白釉盘口穿带瓶

正，结果均事败被罚配到边疆守界，就这个当口，穆宗耶律璟被杀身亡，他不仅鞭长莫及，更要命的是他的岳父萧思温也临阵倒戈。

萧思温是开国宰相萧敌鲁的族侄，是乙室已氏国舅大翁帐始祖萧忽没里的儿子，娶辽太宗长女吕不古为妻，生育三个女儿，大女儿嫁给罨撒葛为王妃。萧思温因是辽太宗的驸马爷、辽穆宗的姐夫或妹夫而身价倍增，官至侍中（相当于宰相），不仅是辽廷要员，而且也是女婿罨撒葛政治集团的首要成员。穆宗耶律璟被杀时（969年2月），他正在皇帝行宫，但他见女婿罨撒葛远在边关，耶律贤又以兵控制了皇帝行宫，于是就临阵换主，与耶律贤做了一笔政治交易：耶律贤娶他的小女儿萧燕燕进宫册立为皇后，他拥立耶律贤当皇帝。

耶律贤此时已经22岁，早已娶妻或生子，但为了得到皇位还是痛快地答应了。于是，萧燕燕便已“政治交易品”的形式入主后宫，拔里氏国舅帐垄断辽廷后宫的格局被打破。这当然又是拔里氏国舅帐所不愿意看到的结果，因此，开始全力反击。一年后，拔里氏国舅帐的萧海只、萧海里、萧神睹三兄弟便将萧思温杀死（970年4月）。

萧燕燕此时只有17岁，且只有三姐妹而没有兄弟，娘家势力非常薄弱，要想在以皇族与后族同掌朝政的辽廷后宫站稳脚跟是非常困难的（因后族势力薄弱）。但是，这个萧燕燕并非一般的人，她就是《杨家将演义》中鼎鼎大名的萧太

辽鸳鸯三彩壶（赤峰市博物馆藏）

后，也是中国历史上著名的女政治家，而政治家总是有超出普通人的谋略。她并没有抓住拔里氏国舅帐杀死自己父亲之机，对其帐族大加杀戮，只是处死凶手萧海只、萧海里兄弟而低调结案。不仅如此，她还对拔里氏国舅帐施以笼络之策，稳定住局势后，开始大量起用汉族知识分子，以弥补娘家（即乙室已氏国舅帐）势力薄弱的缺口。在萧燕燕的努力下，辽廷迅速崛起一股以汉族知识分子为骨干的、有别于皇族和后族的第三种政治势力——汉族政治势力。这其中，汉人室昉破天荒地被提拔为只有后族才有资格担任的北府宰相，玉田韩氏家族更是异军突起，成为萧燕燕可以信任和依赖的政治势力。

辽墓壁画《吹奏图》（敖汉旗出土）

玉田韩氏即韩知古家族，韩知古随主人述律平嫁到阿保机家里后，又经述律平的推荐而成为阿保机的主要谋臣。契丹建国后，韩知古担任首任总知汉儿司事，参加了灭亡渤海国的战争，以功晋升为中书令，赐佐命功臣。他在契丹生了11个儿子，全部在辽廷出仕为官，其中的代表人物是韩匡嗣、韩德让父子。

韩匡嗣是韩知古的第三子，在太宗朝曾出任太祖庙详稳，因在穆宗朝被牵涉进谋反案件而被罢官，与时在藩邸的辽景宗耶律贤走到了一起，成为其政治集团成员，在耶律贤夺取皇权过程中发挥了一定的作用。耶律贤即位，萧燕燕入主后宫，韩匡嗣立即得到重用，历任上京留守、南京留守、封燕王、摄枢密使之职；韩德让是韩匡嗣第四子，少时曾与萧燕燕订有婚约，萧燕燕作为“政治交易品”入主后宫，两人并没有翻脸，而是把爱情力量化为政治动力，韩德让仕途一路绿灯，至景宗朝末已经官至南院枢密使，成为汉臣在辽廷官职最显者。在这父子俩的影响下，玉田韩氏纷纷出仕为官，且多在军队任职，握有兵马

大权，成为萧燕燕的坚强后盾，萧燕燕也依靠玉田韩氏的力量，逐渐地掌控住辽廷局势。但是，正所谓天有不测风云，景宗在龙椅上只坐了13年便撒手而去（982年），其嫡长子耶律隆绪时年12岁，只有30岁的萧燕燕便又落入母寡子弱的困境之中。虽然在韩德让和耶律斜轸等大臣的努力下，萧燕燕在把长子耶律隆绪扶上皇位的同时，成为摄政皇太后。但是，由于娘家势力太过薄弱，她不得不对拔里氏国舅帐继续采取笼络之策，在把自己尚未成年的三女（时年7岁）和二女（时年11岁）先后嫁给拔里氏国舅帐少父房的萧恒德、萧排押兄弟的同时，还册立了拔里氏国舅少父房的萧氏为小皇帝耶律隆绪的皇后。

在嫁女儿娶媳妇笼络拔里氏国舅帐的同时，萧燕燕把自己也嫁了出去，丈夫不是别人，正是韩德让。通过这种政治联婚，萧燕燕在稳定时局的基础上，又经过近20年的努力，终于完全掌控住了辽廷局势，打压拔里氏国舅帐的时机终于成熟，遂于辽统和十九年（1001年）废掉拔里氏国舅帐的皇后萧氏，册立萧菩萨哥为辽圣宗齐天皇后。

萧菩萨哥既是乙室已氏国舅帐人，同时身上又流淌着玉田韩氏家族的血液。

随着汉、渤海、奚等民族进入契丹社会，契丹族原有的耶律氏与萧氏两姓通婚的婚俗也受到了冲击，民族间的通婚日渐多了起来，韩匡嗣便娶了契丹族萧氏为妻，生男9人，女8人，在8女中只有3个成人。成人的3个女儿中，按长幼排序，二女儿嫁给萧猥恩为妻，生女萧菩萨哥。也就是说，萧菩萨哥是韩匡嗣的外孙女，韩德让的外甥女。

关于萧菩萨哥的父亲萧猥恩的身份，《辽史》记载相互矛盾，《辽史·后妃传》说他是萧燕燕的弟弟；而《辽史·表》说萧思温无嗣，即萧燕燕没有兄弟。从上述记载来看，萧猥恩或是萧思温之子，或是其过继子或义子。也就是说，萧猥恩是萧燕燕的娘家兄弟，属于乙室已氏国舅帐人。

萧菩萨哥被册立为皇后，拔里氏国舅帐自然不会无动于衷，而是极力进行反击，冲锋陷阵的人就是元妃萧耨斤。

萧耨斤是拔里氏国舅帐少父房萧阿古只（述

辽代绛釉罐

辽圆形三彩砚（赤峰松山区出土）

满城之战

公元 979 年，辽景宗为了报复宋军兵困南京之役，令燕王韩匡嗣为都统，耶律沙为建军，领兵攻宋，耶律休哥等人也随部南伐。十月，辽、宋两军列阵于满城。宋军方面，先是宋太宗亲自授图布阵。宋军抵达满城后，分兵屯扎，星罗棋布。后经过主要统兵将领协商，决定分为两军。战役开始前，宋军诈降，辽方将领韩匡嗣信以为真，想要接洽收编。耶律休哥阻止说，“宋军阵容整齐，不可能轻易屈服，这一定是诱兵之计，我方应该严兵以待”。韩匡嗣不听，两军阵前宋将刘廷翰、崔延进、崔翰突施袭击，辽兵猝不及防，弃旗鼓而走。耶律休哥阵军力站，扭转了败局。

辽代白瓷盘口瓶

律平同胞弟弟）的五世孙，从史籍记载来看，其家支在拔里氏国舅帐众多家支中并不处于强势地位，因此，萧耨斤进入后宫后，只是在皇太后萧燕燕宫中当了一名侍女。不过，因为萧菩萨哥的关系，她还是获得了接近皇帝并生下龙子的机会。

萧菩萨哥被册为齐天皇后后，为辽圣宗先后生下两皇子都夭折，而辽圣宗虽然妃子多多，可契丹族的妃子并不多，而能够生下龙子的二国舅帐妃子更是凤毛麟角，从而造成皇储之位久空，亦从而为后宫诸妃子、宫女们接近皇帝提供了机会。而在这方面，萧耨斤又拔得头筹，率先为皇帝生下了龙子。

关于萧耨斤为辽圣宗生龙子一事，《辽史》记载着这样一则故事，说是萧耨斤小时候长得一

辽墓壁画《武士图》

般化，脸黑眼狠，有一天她的母亲做了一个梦，梦见一根金柱擎天，诸子争相往上爬，谁也没有爬上去。这时，萧耨斤领着一群侍女走了过来，顺利地爬了上去。母梦醒后，觉得惊奇，便在萧耨斤长大后将其送入宫中，成为皇太后萧燕燕宫中一名侍女。有一天，萧耨斤在为皇太后萧燕燕打扫房间时，发现其床上有一只金鸡，便一口吃了下去，皮肤顿时变得光泽起来。萧燕燕看见后，觉得此女奇异，必生奇子，便让她去侍候辽圣宗，果然生下龙子，此龙子便是辽兴宗耶律宗真。

这件事看似荒诞不经，其实透露着这样的信息：一是萧耨斤先博得皇太后萧燕燕的喜欢，然后又通过萧燕燕得以接近辽圣宗，进而生下龙子；二是萧耨斤是以宫女身份为辽圣宗生下龙子的；三是萧耨斤能够以宫女身份为辽圣宗生下龙子，说明她是一个很有心计和政治野心的人。

萧耨斤生下龙子后，便有了争夺皇后之位的野心，而辽廷政局变化和随之发生的“夺子”事件，使萧耨斤与齐天皇后萧菩萨哥的矛盾也开始公开化。

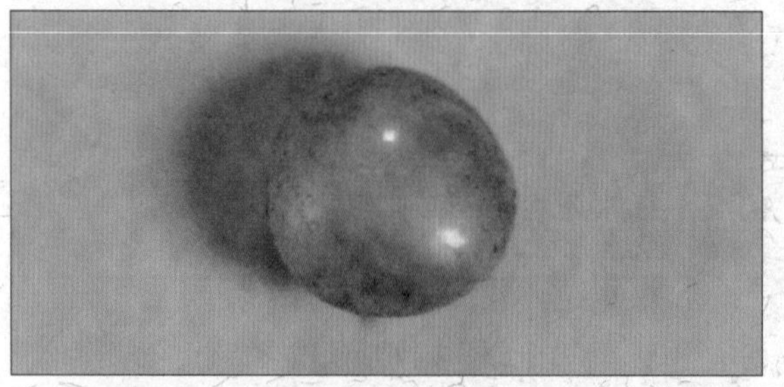

辽代舍利子

萧燕燕在萧菩萨哥被册立为齐天皇后的第9年病逝（1009年12月），一年后韩德让也随之病逝（1011年3月），乙室已氏国舅帐及玉田韩氏家族势力严重削弱，拔里氏国舅帐终于看到了翻盘的机会，特别是萧耨斤诞下皇子耶律宗真（1016年）后，有了与齐天皇后交锋的资本。而随之发生的“夺子”事件，促使她开始不择手段地争夺皇后之位。

辽代道教人物石雕像

齐天皇后因生产两皇子都夭折，思子心切，便在萧耨斤诞下皇子耶律宗真后抱到自己宫中养为己子，而辽圣宗因对齐天皇后宠幸有加，便默许了此事，只是册封萧耨斤为顺圣元妃了事。萧耨斤见自己为辽圣宗生下嫡子只得到了一个元妃的封赏，孩子还被齐天皇后抢了去，自然是咽不下这口气，开始不择手段地整治齐天皇后。

本来，上京皇城内专门规划有安置庐帐的区域（即皇城大内东部），皇帝、后妃、宫人们大多住在庐帐里。但齐天皇后多才多艺，不仅精通诗词乐曲（尤其擅长弹奏琵琶），而且对建筑设计也颇感兴趣，曾用草茎设计出宫殿样式，命有司按照所设计的样式建筑了清风、天祥、八方三座宫殿，同时还在上京皇城内建筑了固定式住宅，即齐天皇后宅（上述三座宫殿是否在齐天皇后宅内不得而知）。元妃萧耨斤为了监视齐天皇后的一举一动，就紧挨着齐天皇后宅东侧也建筑了一座固定性宅院，被称为元妃宅。这样一来，齐天皇后萧菩萨哥的日常活动，便在元妃萧耨斤的严密监视之下，两个人的争斗也开始逐渐升级。

辽代绿釉鸡冠壶

契丹文鎏金铜印（翁牛特旗出土）

辽代木板画《侍宴图》

萧耨斤见萧菩萨哥喜欢弹奏琵琶，经常与宫廷乐师弹奏到深夜，便诬陷齐天皇后与宫廷乐师私通，辽圣宗自然是不信，不予理会；萧耨斤接着又隔三差五写一些有关齐天皇后生活作风方面的匿名信，放于辽圣宗房间，辽圣宗知道是元妃所为，便烧掉了之；萧耨斤于是就又向齐天皇后

辽宁义县大佛寺内辽开泰九年所建七佛殿

辽刻花绿釉鸡冠壶

身边派遣眼线，监视齐天皇后的行动，以期发现一些“真凭实据”。这期间，发生过一个小插曲。萧耨斤派到齐天皇后身边的眼线中有一个叫赵安仁的，见齐天皇后深受辽圣宗宠爱，害怕自己的身份暴露后丢掉性命，便寻机逃奔宋朝，结果半途中被抓了回来。齐天皇后得知此事后非常气愤，便准备处死赵安仁。萧耨斤得到消息后，便找到辽圣宗为赵安仁求情，辽圣宗或许是不想因为后宫女人们的事情杀人，便为赵安仁讲了几句情，齐天皇后见辽圣宗出面讲情，这才放了赵安仁。

不过，萧耨斤并没有就此住手，她见用不正当手段很难将齐天皇后拉下马，便采取务实策

横渡之约

辽大同元年（947年），辽太宗耶律德光在灭晋国班师回朝途中病亡。辽军将领拥立从征的东丹王之子永康王耶律兀欲继承帝位。但述律太后倾向于皇太弟兼天下兵马大元帅李胡。李胡在述律太后的支持下，率军从上京挥兵南下，与耶律兀欲的大军在南京（今北京市）附近遭遇。因为耶律兀欲所带军兵是辽军主力，李胡军大败。其后贵族耶律屋质说服述律太后，出面在两军中斡旋，使双方罢兵和谈，最终达成和议，双方同意立耶律兀欲为帝，是为辽世宗。这一事件史称“横渡之约”。

略，把自己的兄弟们提拔到辽廷要枢为官，以期机会成熟时再对齐天皇后下手。辽圣宗病逝后（1031年），萧耨斤终于等到了下手的机会。

辽圣宗在弥留之际，已经预感到后宫将要发生内乱，便把预备皇帝耶律宗真（即辽兴宗，辽圣宗与萧耨斤之嫡长子）叫到身前嘱咐道：“（齐天）皇后事我四十年，以其无子，故命汝为嗣，我死，汝子母切毋杀之。”然后留下遗命：以齐天皇后为皇太后，以元妃萧耨斤为皇太妃，便撒手而去。

但是，辽圣宗的遗愿没有实现，没等他闭上眼睛，萧耨斤便命他的兄弟们率兵把皇帝行宫戒严，辽圣宗刚一闭上眼睛，萧耨斤便自尊皇太后，命人把齐天皇后看管起来，然后，逮捕和诛杀所谓的齐天皇后党人……刚刚即位皇帝的辽兴宗耶律宗真见生母萧耨斤如此对待养母齐天皇后，便出来劝阻几句，结果更加惹火萧耨斤，把齐天皇后囚押于上京城，然后强行摄政，一年后又将齐天皇后处死（1032年春），册立兄长萧孝穆的女儿为皇后，至此，拔里氏国舅帐终于又夺

回了后宫权柄。

根据《辽上京城址勘查报告》，在正南街与南门街交叉的西北半区（即正南街之西，南门街之北），有两个方形庭院遗址，中隔纵街1条，东院柱础石尚存。两院共有台基10多座，南北长72米，东西宽240米。其中，西院便是齐天皇后宅遗址，东院是元妃宅遗址。

齐天皇后宅和元妃宅是齐天皇后与元妃争权的主战场，见证了终辽一世最残酷的宫廷斗争的整个过程。

十、回鹘营

《辽史·地理志》上京临潢府条载“南城谓之汉城，南当横街，各有楼对峙，下列井肆。东门之北潞县，又东南兴仁县。南门之东回鹘营，回鹘商贩留居上京，置营居之”。这条史料反映了这样的信息：上京汉城内专门设置有回鹘商贩居住之场所，称之为回鹘营。

辽王朝首都上京是当时东北亚最大的国际性大都市，是各地商贾经商做买卖的聚集之地，辽廷为什么只为回鹘商贩设置了居住之场所呢？这自然是有原因的。

首先，契丹与回鹘有着千丝万缕、藕断丝连的关系。

其一，契丹族曾在回鹘汗国统治下生活近百年，其自身文化和生活习俗深受回鹘族影响，两族有着相通或相近的习俗和文化底蕴。隋唐之际，契丹与回鹘同受突厥政权统治，语言文字都深受突厥的影响，同时两族又都想借助隋唐政权的力量来摆脱突厥的控制。在这方面，回鹘走在了契丹的前面，于公元744年（唐天宝三年）在唐朝大军的配合下，推翻了突厥政权，建立起了回鹘汗国，成为大漠草原新霸主。时值契丹大贺氏部落联盟瓦解，遥辇氏汗国新建，受唐廷边将安禄山影响而叛唐归附了回鹘汗国，从此在回鹘政权统治下生活近百年，一直到回鹘汗国破灭（840年）。

回鹘政权建立后与唐王朝关系一直很好，不像其他游牧政权大都要对中原政权进行骚扰和掠夺，经济、文化方面的交往成为南北关系的主流，契丹族也由此获得了休养生息的机会，在回鹘政权统治下，与回鹘族和平共处生活了近百年时间。期间回鹘族作为统治民族，其自身习俗和文化对契丹族的影响是巨大而深远的。契丹族拜

北宋向辽廷纳贡银铤（巴林左旗出土）

辽代白瓷双系罐

辽代绿釉鸡冠壶

祭黑山和阿保机建筑明王楼就是深受回鹘文化的影响；契丹建国后的一些职官，如夷离堇、于越等就是直接借用回鹘的官号；契丹小字也是参考回鹘语拼音法创制而成。

不仅如此，由于契丹族在回鹘政权统治的近百年时间里，与回鹘族少有矛盾和战争发生，两族保持着和睦相处的关系。因此在契丹族乘回鹘汗国破灭之机成为大漠草原新霸主后，并没有对回鹘族进行报复性杀戮，两族间仍保持着友好的关系。契丹建国后，阿保机统一大漠草原期间，对于奚、女真、室韦、乌古、阻卜、党项、突厥（沙陀）等诸部都曾多次以兵征伐，而对于迁徙到河西和高昌地区的回鹘族并没有强行用兵，而是采取了诏抚之策。公元924年，阿保机率大军最后一次西征，在征服阻卜、突厥、吐谷浑等部族尽有西鄙之地后，大军推进至阿尔泰山地区，对于近在咫尺的甘州回鹘和高昌回鹘，不仅没有用兵加以征伐，而且还派人给甘州回鹘乌母主可汗送去一封信，劝其回到故地，乌母主可汗以回鹘族迁到甘州地区年久不能回到故地加以谢绝，双方结成友好邻邦，自此甘州回鹘和高昌回鹘与契丹始终保持输贡和通商关系一直到辽亡。

其二，辽廷皇族身上流淌着回鹘人的血脉。民族间通婚和融合，是民族间和平共处与交往的必然结果。由于回鹘族与契丹族在一个政权下和平共处与生活了近百年时间，因此两族间避免不了地会发生通婚和融合关系。或许正是因为这种关系，在回鹘汗国破灭后，一部分回鹘人没有迁徙他地，而是选择了留居原地并逐渐融入契丹族之中。因此史学界有“契丹半个回鹘”的说法。

根据《辽史》记载，辽太祖阿保机的姑姑耶律氏嫁给回鹘人述律月椀为妻，生述律平、阿古

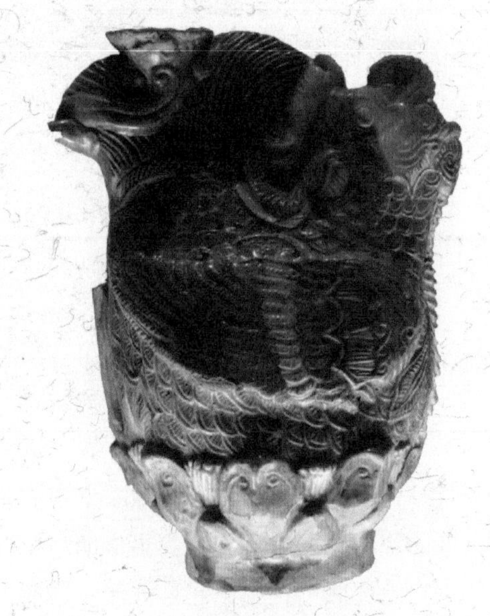

辽摩羯壶

只等姐弟；阿保机祖母萧氏，小字月里朵，不仅与述律平的小字月理朵同名，而且述律平之父述律月椀的名字中也有“月”字，说明阿保机祖母萧氏也有可能是回鹘人，即阿保机家族与回鹘人保持着通婚关系。更主要的是，由于述律平的父系为回鹘人，从而直接导致辽王朝的建立者阿保机的子孙身上流淌着回鹘人的血脉，而这种血脉并非述律平一人所传。辽太宗娶述律月椀孙女萧温（述律平之兄萧室鲁娶阿保机与述律平之女为妻生萧温）为皇后生辽穆宗，辽世宗娶述律月椀另一孙女萧撒葛只（述律平之弟阿古只之女）为皇后生辽景宗，此后，辽廷皇后也多出自述律月椀家族（即二国舅帐之拔里氏国舅帐）。也就是说，不仅辽廷诸帝身上流淌着回鹘人的血脉，而且辽廷皇后多出自述律平父系家族，即回鹘后裔。这种血缘关系，成为联结契丹与回鹘的特殊纽带，辽廷对回鹘商贩高看一眼，接待规格比其他部族商贩高一些，也就不足为奇了。

辽绿釉折肩罐

其次，回鹘人是草原丝绸之路上的主要商贩。丝绸之路是中国历史上中原政权与周边地区并延伸到更远地区（如西域、欧洲）贸易通道的称谓。因贸易通道地理位置不同，又有陆路丝绸之路、海上丝绸之路、草原丝绸之路之分等。顾名思义，草原丝绸之路是指由我国古代草原地区通向中亚、西亚（即西域）及欧洲的贸易商路。

辽代人首蛇身铜器

关于草原丝绸之路的开辟时间，目前学界尚无定论，但有一点是可以肯定的，那就是草原丝绸之路的西端是中亚、西亚、欧洲，东端是草原上的重要城镇。辽王朝时期草原丝绸之路的东端则是辽上京，即现在的巴林左旗，辽中后期延伸至辽中京（今赤峰市宁城县大明镇）、南京（今北京）。

经有关专家考证，辽王朝时期草原丝绸之路的主要路径有南北两条：南路大致由辽上京（今

辽白釉长颈瓶（巴林左旗出土）

巴林左旗）出发，向西南经鸳鸯泊（今克什克腾旗达里湖）至多伦，过辽西京（今山西大同），再沿阴山向西，过居延，穿越西夏，进入高昌回鹘王国，进而向西入中亚、西亚；北路大致由上京出发，向西北经蒙古乌兰巴托，折而南行，沿黑水至于张掖，沿河西走廊继续西行，经酒泉、敦煌入高昌回鹘王国，再西行至于中亚、西亚。

不论是陆路丝绸之路还是草原丝绸之路，大多都要经过河西走廊。回鹘自唐中叶借帮助唐廷平定安史之乱之机，便控制了河西走廊，并逐渐成为丝绸之路贸易的主要商贩和最大受益者。回鹘汗国破灭后，部众分崩离析，其中有三支西迁，一支迁到河西走廊，分别以甘州（今甘肃张掖市）、沙州（今甘肃敦煌市）为中心建立了甘州回鹘和沙州回鹘政权；一支迁至中亚以喀什噶尔（今新疆喀什）、巴拉沙衮（今吉尔吉斯斯坦境内）、撒马尔罕（今乌兹别克斯坦境内）为中心，建立了哈喇汗王朝；一支迁至高昌（今新疆吐鲁番市）、北庭（今新疆吉木萨尔县北）建立了高昌回鹘王国。这些回鹘政权以其优越的地理位置，向西与西亚和欧洲贸易，向东与辽王朝和中原政权商贸，仍然是丝绸之路的主宰者。

辽代灰釉碗

辽代花押印

根据《契丹国志》记载，高昌回鹘“契丹时，三年一次朝贡，进献玉、珠、乳香、斜合黑（里）皮、褐里丝等。亦有互市，其国主亲与北主评价。”《辽史》及有关史料记载，在辽王朝

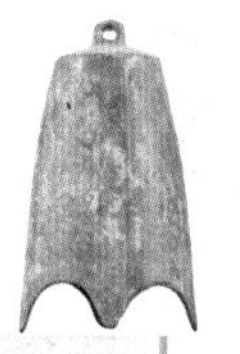

残暴的“睡王”——辽穆宗

辽穆宗耶律璟，绰号“睡王”。耶律璟是开国皇帝耶律阿保机的孙子，辽太宗耶律德光的长子。耶律璟在位19年，才能平庸、疏于政事，但睡觉的本事无人能比。就连他被拥立为皇帝时，也处于睡眠状态。除此之外，耶律璟既不喜欢女色，也不偏爱男宠；他不喜欢当皇帝，在位近20年，几乎都是在喝酒睡觉打猎中度过的。他嗜酒如命，常常化装成老百姓溜出宫去喝酒，并且喜欢打猎，喜欢杀人。他亲自设计酷刑，以杀人为快乐之本，甚至每日要杀一个活人，用“人胆”做药引子。最后，这位残暴的皇帝被身边的几位侍从弑杀。

立世的219年间（907年至1125年），回鹘向契丹朝贡至少64次，平均每三年零五个月一次，期间时有一年两贡、三贡、四贡的现象。

这里所说的“朝贡”，并非是回鹘人单纯地向辽廷进贡，而更多的是经济贸易，即回鹘人通过草原丝绸之路来到辽上京开展商贸活动。据有关专家考证，回鹘商旅从中亚、西亚（西域）来到辽上京，至少需要半年至一年的时间，旅途非常艰辛。辽廷为了接待来自回鹘的商旅，而特意在上京汉城设置了回鹘营（设置时间当在辽太宗朝），作为回鹘商贩来上京商贸及留居上京经商之所。当然，回鹘营的设置，在接待和方便回鹘商旅之余，辽廷也获得了巨大的商业利益。

辽廷通过回鹘商贩，在将自己的瓷器、丝绸、皮毛等产品销售出去的同时，也得到了中亚、西亚、波斯等地区的物产，不仅丰富了物质生活，而且繁荣了经济，进而促进了契丹社会与文化的发展与进步。

五代时后晋人胡峤曾于辽世宗朝初（947年）来到过辽上京，并在这里生活了七年时间，回到中原后曾著有《陷北（虏）记》记载了在契丹的见闻，其文中记有“自上京东去四十里，至真珠寨，始食菜……遂入平川，多草木，始食西瓜。云：契丹破回纥（鹘）得此种……”从距离来计算，胡峤“始食菜”的地方是今巴林左旗白音沟一带，“始食西瓜”的地方是今巴林左旗隆昌镇一带。1995年在赤峰市敖汉旗辽墓壁画中发现了一幅“西瓜图”，据有关专家考证，这幅画是目前我国已知时代最早的西瓜图，说明契丹人不仅食用西瓜，而且掌握了西瓜的种植技术。

据有关资料介绍，“西瓜”一词在中国最早就是见著于胡峤的《陷北记》，因此明、清时期有人将西瓜种植技术引种中国的时间界定在五代，且由胡峤从契丹引种。这种说法虽然没有被学界最后肯定，但足可备一说，即西瓜最早有可能是由回鹘传入辽上京（今巴林左旗）地区，然后由辽上京引种中原地区。当然，回鹘人不仅仅

辽墓壁画《鼓乐图》（敖汉旗出土）

辽墓壁画

只是将西瓜种植技术传入辽上京地区，而是还有其他的水果和蔬菜。据有关文献记载，葡萄、黄瓜、大蒜、回鹘豆（蚕豆）、核桃、胡萝卜、番茄等在辽王朝时就已经出现在契丹人的餐桌上，这些水果和蔬菜也是回鹘商人从西域带入契丹的。

回鹘人还将契丹文化传入西域和欧洲，影响深远。当时西域和欧洲人只知有契丹，不知有中国，把中国称为契丹（Cathay）。时至今日，这个词还偶尔出现在欧洲人的著作里；俄文和拉丁文中，还把“契丹”作为对中国或中国人的通称。出现这样的情况，一方面与辽王朝雄踞东北亚200余年有关，另一方面也与回鹘商旅往返辽上京与西域之间200余年有关系。

往事越千年，辽上京汉城如今已辟为村庄和农田，回鹘营也无迹可寻，只有那一簇簇的骆驼蓬仍然在诉说着当年的故事。

骆驼蓬，别名苦苦菜、臭草、臭牡丹、沙蓬豆豆、臭古都、老哇瓜，是一种多年生草本植物，主要分布于宁夏、内蒙古西部、甘肃河西、新疆、西藏等干旱半干旱地区，蒙古、中亚、西亚、伊朗、印度（西北部）、地中海地区及非洲北部也有，我国东北地区极为罕见。不过，现今辽上京城遗址内却随处可见骆驼蓬，而城外及其他地方却没有或极为少见。

据有关专家考证，辽上京城遗址内生长的骆

驼蓬，就是辽王朝时期回鹘商贩从西域带到这里的。由于回鹘商贩的主要运输工具骆驼，随主人要在回鹘营中停留很长时间，其身上粘带或粪便中残存的骆驼蓬种子被大量地、集中地散布于上京城中，并长时间地不断得到补充（200余年），从而使骆驼蓬种子在上京城里生根发芽、大量地生长起来并繁衍至今。其他地区由于骆驼很少去，因此就少有这种植物了。

总之，辽上京城遗址里大量生长的骆驼蓬，与回鹘商旅和回鹘营有着密切的关系。每一簇骆驼蓬都有一个故事，一个古丝绸之路的故事。望着簇簇骆驼蓬，我们依稀又听见了千年前丝路上的驼铃声。

辽上京遗址内骆驼蓬

辽墓壁画

辽皇喜读《贞观政要》

《贞观政要》是唐代史学家吴兢编著的一部政论性史书，共十卷。书中收集了唐太宗李世民在位的二十三年中，与魏征、房玄龄、杜如晦等大臣谈论的军国大政问题。辽朝最繁盛时期的圣宗耶律隆绪（983~1031年）对唐朝的统治经验十分重视，尤其对《贞观政要》情有独钟，经常翻阅。史料记载，“（圣宗）好读《贞观政要》，至太宗、明皇实录则钦伏……尝云‘五百年来中国之英主，远则唐太宗，次则后唐明宗……”辽兴宗耶律宗真也十分喜欢《贞观政要》，重熙十五年（1046年），下诏曰：“古之治天下者，明礼义，正法度……”令韩家奴博考经典，收集各类具有资鉴作用的书籍。其后在兴宗皇帝的诏示下，韩家奴将《贞观政要》翻译为契丹文。

十一、同文驿

《辽史·地理志》上京临潢府条载“南城谓之汉城……南门之东回鹘营……西南同文驿，诸国信使居之。驿西南临潢驿，以待夏国使”。由此可知，上京汉城内设有同文驿和临潢驿两个驿馆，前者用以招待诸国使臣，后者用以专门招待夏国使臣。

辽廷对被征服地区采取“因俗而治”、“区别对待”的统治方略，其统治范围内的“部众”有部族、属国、属部之分。部族主要是指契丹政权原有的部族（如契丹古八部、大贺氏八部、遥辇氏八部等）及由被征服游牧民族整合改编而成的新部族，这些部族有大有小，是辽王朝的主体，最盛时“部族五十有二”。属国、属部是辽廷对被征服地区的一种松散的统治方式，即保留被征服民族原有的政权和管理模式，成国者称

属国，没有成国者称属部。根据《辽史》记载，“辽属国可纪者五十有九，朝贡无常。有事则遣使征兵，或下诏专征，不从者讨之。”“辽国外十部……不能成国，附庸于辽，时叛时服，各有职贡，犹唐人之有羁縻州也。”这些属国、属部有大有小，有远有近，通过向辽廷定期或不定期朝贡表示归附，辽廷在上京汉城内专门设置了同文驿，以为诸属国、属部前来朝贡使臣的住所。

从《辽史》的记载来看，有辽一代，向辽廷朝贡的诸属国、属部不下百数，其中尤以回鹘、女真、阻卜等向辽廷朝贡时间最长、次数最多，

辽墓壁画《西瓜图》

辽代供养人佛像石雕

这些属国的使臣们自然也就成为入住同文驿次数最多的客人。

回鹘，最早是游牧于贝加尔湖南部高车部落联合体中之一部称袁纥，隋朝时改称韦纥、回纥，唐天宝三年（744年）回纥在唐大军的配合下，推翻突厥政权，建立回纥汗国，统治了大漠草原，时契丹亦在其统治之下；唐德宗贞元四年（788年）回纥取“回旋轻捷如鹘”之义改称回鹘；唐开成五年（840年）回鹘汗国被其属部黠戛斯所亡，部众四散逃离，有的留居原地后融入契丹族之中，有的南迁中原融入汉族之中，大部分踏上西迁之路，在河西、中亚地区分别建立了甘州回鹘、高昌回鹘（亦称西州回鹘、北廷回鹘、和州回鹘、阿萨兰回鹘）、喀喇汗王朝（亦称黑汗王朝）等政权。辽天赞三年（924年）阿保机率大军西征，在征服西鄙诸部族的同时，迫使甘州回鹘、高昌回鹘等西域诸政权归附，成为契丹属国。从《辽史》记载来看，回鹘与辽廷关系最为密切，向辽廷朝贡时间最早，时间最长，次数最多，是辽廷的第一朝贡大户。据《辽史》记载，和州回鹘于辽太祖阿保机担任契丹可汗的当年

辽代击腰鼓人物腰牌

（907年）便派使向契丹朝贡，这也是《辽史》所载向辽廷朝贡最早的属国，辽天庆三年（1113年12月）即金太祖阿骨打起兵反辽前夜（阿骨打于1114年7月起兵反辽），回鹘还在向辽廷朝贡，这也是《辽史》所记载的辽廷所享受的最后一次朝贡。由此可知回鹘向辽廷正常朝贡时间达207年之久，期间回鹘向辽廷朝贡频繁，甚至是一年三贡、四贡，同时还影响于阗、大食、波斯等西域诸国前来辽上京朝贡。这里所说的“朝贡”，不仅仅只是向辽廷进贡，更多的是商贸。完全可以想象，一千多年前的辽上京，人口稠密，经济繁荣，商贾云集。长着不同毛发、肤色，穿着各色服装，操着不同语言的商旅们，从四面八方云集在辽上京，从而使辽上京成为当时东北亚最大的国际性大都市。在各色商贾中，回鹘商人占绝大多数。当时辽上京汉城内虽然专门设置有回鹘营，供回鹘商贾居住，但那些身肩“外交”使命的回鹘商人们，肯定是要住在同文驿的，一方面显示身份，一方面享受辽廷的特殊待遇。也就是说，有辽一代，同文驿接待最多的便是回鹘使臣，所接待的最后一拨客人也是回鹘使臣。

女真，亦称肃慎、挹娄、勿吉，是生活于我国东北的一个古老民族，隋唐时称靺鞨，其中以粟末靺鞨和黑水靺鞨最为强盛；粟末靺鞨在唐武则天时建立渤海国，立世200余年，时黑水靺鞨附庸于渤海国；辽天显元年（926年）阿保机东征灭亡渤海国，黑水靺鞨随之降附契丹；辽天显三年（928年）辽太宗将渤海人南迁到辽阳地区，黑水靺鞨一些部落随之南迁到原渤海国故地改称女真，后为避讳辽兴宗耶律宗真的名字而改称

辽墓壁画《引马出行图》

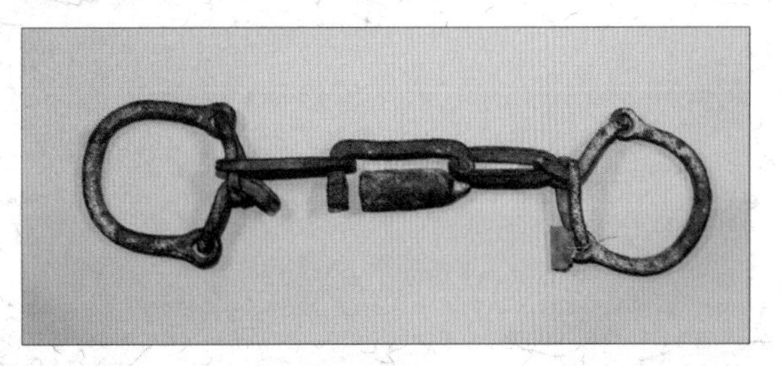
辽代脚镣

女直。辽廷根据女真诸部的地理位置及社会发展状况，将其分为熟女真、生女真和回跋女真三部分。熟女真编入辽廷户籍，由辽廷直接管辖，生女真不编入辽廷户籍，由辽廷委托各部落酋长管理，回跋女真亦称北女真编入辽廷户籍，但在管理上较熟女真要宽松得多。由于女真诸部社会发

重元之乱

辽兴宗之后，继承皇位的是长子耶律洪基。原本立为皇太弟的耶律重元，不甘心自己的失败，以“兄终弟及”的游牧民族继位方式发动了旨在争夺皇位的叛乱。1063年，辽道宗耶律洪基率君臣秋捺钵出猎太子山之滦河。重元“以其子涅鲁古素谋”，纠合其党羽陈六、同知北院枢密使肖胡睹、卫王西京留守贴不、林牙涅牙剌溥古、统军使肖迭里得、护卫左太保敌不，以及涅鲁古、肖革等大小官员四百余人，诱胁弩手军等，列阵于行宫之外，发动叛乱，历史把这次叛乱，也叫“滦河之乱”。

展水平差异较大，因此他们有的以属国、有的以属部分别向辽廷朝贡。据《辽史》记载，女真向辽廷朝贡最早记录是辽天显二年（926年），即阿保机攻取渤海国首都忽汗城之后，一些女真（时称靺鞨）部落首领便到忽汗城觐见阿保机，表示降附契丹。两年后（928年）女真部落迁到原渤海国故地，与辽廷接触日趋密切，向辽廷朝贡的部落逐渐增多；女真最后一次向辽廷朝贡是辽寿昌六年（1100年），即辽道宗病逝的前一年，由此可知女真诸部向辽廷正常朝贡时间最少达175年之久。期间女真一些部落曾于辽景宗和辽圣宗

辽代滑石质配饰

两朝掀起过反辽斗争，但总体上来讲女真诸部始终与辽廷保持着朝贡关系，最多时一年六贡（辽圣宗统和八年），成为仅次于回鹘的辽廷第二朝贡大户，自然也是同文驿接待最多的客人之一。不过，女真与回鹘不同，他们不仅要向辽廷定期或不定期地朝贡，而且还承担着辽廷繁重的苛捐杂税，当苛捐杂税过于沉重的时候，避免不了就会发生反抗。辽朝末年，辽廷显贵对女真人的残酷剥削，终于激起女真人的反抗。辽天庆四年（1114年），生女真完颜部首领阿骨打率部起兵反辽，只用了11年时间，便灭亡了辽王朝（1125年）。

阻卜，亦称鞑靼，是室韦人在西迁过程中，吸收其他部族人为自己部落成员，在语言、习俗、生活等各方面都发生了变化，在长期的融合过程中，逐渐形成为颇不同于原室韦人的新的室韦系部落。他们经过多年的繁衍生息，逐渐发展壮大起来，以鄂尔浑河流域为中心，分布于东起大兴安

辽代马缨罩

辽代蟠龙瓦当

岭，西及阿尔泰山，北至贝加尔湖，南到阴山的广袤土地上，是辽王朝西北边陲主要部族，金朝时被统称为鞑靼。辽天赞三年（924年）阿保机率军大举西征，将阻卜诸部征服，自此阻卜诸部成为辽的属部或属国，每年定期向辽廷进献马、驼、貂皮、青鼠皮等。根据《辽史》记载，阻卜向辽廷朝贡的最早记录是辽神册三年（918年），最后一次向辽廷朝贡的时间是辽天庆二年（1112年），即女真人起兵反辽的前两年，正常朝贡时间达195年之久。期间阻卜诸部与辽廷基本上保持着朝贡关系，有时一年三贡、四贡，最多时一年六贡（辽天显八年），因此阻卜也是继回鹘、女真之后辽廷的第三朝贡大户，同时也是入住同文驿最多的客人之一。不过，阻卜诸部距离辽廷统治中心上京较远，辽廷对他们鞭长莫及，因此阻卜诸部于辽圣宗朝开始，在向辽廷朝贡的同时，也不断地与辽廷发生着战争，以期借辽廷与北宋战争之机，摆脱辽廷的控制。辽廷虽然不断派兵对阻卜叛部进行征讨，并在西北边境建筑镇州等边城来镇抚阻卜诸部，但是并没有从根本上解决阻卜反辽问题，阻卜诸部反辽斗争一直延续到辽末。不仅如此，由于阻卜诸部反辽斗争牵涉了辽廷大量的精力，在某种程度上为女真人的崛起争取了时间。从这个意义上来说，阻卜诸部反辽斗争，加速了辽王朝的衰败。女真人灭亡辽王朝建立金政权后，并没有对阻卜诸部实施有效的统治，阻卜诸部得到较快发展，逐渐演变为蒙古先部，在成吉思汗的率领下推翻女真人的统治，建立了蒙元政权。

辽鎏金门神像铜门

乌古敌烈

契丹西北部的小部落。乌古部的族称很复杂，有骨里、于骨里、于厥里、乌虎里等。乌古部是辽代众多周边小部落中实力较强的一支。辽道宗时，将乌古部其中的一部分从西北迁至“乌纳水”，即西拉沐沦河一带。与乌古部早期相近的有敌烈部，此族于乌古部语言相近，经常混在一起称呼为“乌古敌烈部”。后被辽军击败后，编入部族，出现了“敌烈八部”之说。乌古敌烈人善于骑射，作战时勇猛异常。

辽木棺床（赤峰博物馆存）

之所以把回鹘、女真、阻卜三族加以简介，主要是因为这三个民族不仅是辽王朝的朝贡大户，是入住同文驿最多的客人，而且还与辽王朝的兴亡有直接的关系。简而言之，回鹘是辽王朝主要外贸伙伴；阻卜诸部反辽加速了辽王朝的衰落；女真人是辽王朝的掘墓人。

关于同文驿设置的时间，《辽史》中没有明

辽瓷枕（巴林左旗出土）

确记载，不过我们可以从同文驿的名称得到一些启示。

“同文”一词，显然是取自“车同轨，书同文”一语。目前学界关于“车同轨，书同文”一语的出处尚有争议，一说出自《礼记·中庸》，一说出自《史记·秦始皇本纪》，但不管出自何处，这句话的意思都是指国家统一或天下一统。

辽廷统治者以“同文”为驿馆名，显然也是取这一层意思，即意在标榜自己国家的强大和一统。那么，契丹政权什么时候成为强国或可称得上“天下一统”呢？答案就是获取燕云十六州。

辽天显元年（926年），阿保机经过20年的征战，终于灭亡了渤海国（926年），统一了北疆，成为大漠草原的统治者。但是，此时的契丹政权，也只是统有草原和东北，即长城以北地区，并不统有长城以南地区，不仅称不上“天下一统”，而且就其国力而言也没有中原的后唐政权强大。对于这样的现实，阿保机也非常清楚。辽天显元年（926年），后唐新皇帝李嗣源派使臣到契丹通报李存勖被杀和自己即位皇帝一事，阿保机则乘中原后唐皇位更迭之机提出让后唐把黄河以北划给契丹，当后唐使臣死活不答应时，阿保机又提出把镇（今河北正定）、定（今河北定县）、幽（今北京）几州划给契丹，以此作为契丹不再南掠的条件。由此可见，契丹建国后，不仅仅只是想统有北疆，而且还把涉足中原、统有长城南北作为目标。不过，阿保机没等实现这一目标，便病逝于东征渤海国的回军途中，这一任务历史性地落在了辽太宗的头上。十年后，辽太宗乘中原后唐政权内乱之机，挥兵南下灭亡后唐政权，将儿皇帝石敬瑭扶上中原龙椅，终于把燕云十六州划入契丹版图（938年）。

契丹获取燕云十六州后，疆域“东至于海，西至金山，暨于流沙，北至胪朐河，南至白沟，幅员万里。”“臣服诸国，人民皆入版籍，贡献

辽代绿釉鸡冠壶

悉输内帑。”不仅实现了雄居草原，统有长城南北的目标，而且还南指石晋，东朝高丽。为了庆祝这一前无古人的旷世之功，辽太宗在接到儿皇帝石敬瑭送来的十六州地籍后（938年），将国号契丹改为大辽，将年号天显改为会同，将西楼皇都升为上京，南京辽阳改为东京，幽州升为南京，契丹国家一跃而成为东北亚强国，辽上京也随之成为举世瞩目的国际性大都市。自此日本、高丽、石晋、南唐、吴越、阻卜、党项、吐蕃、吐谷浑、甘州回鹘、高昌回鹘、阿萨兰回鹘、波斯、大食以及西域各国和北族诸部，前来朝贡和通商的官方使团、民间商队，踵武相接，络绎于途。

辽墓壁画《驼车归来图》

辽太宗在将皇都升为上京的同时，还对上京城进行了大规模的扩建，这其中就包括接待诸属国、属部前来朝贡的使臣们的驿馆—同文驿。也就是说，同文驿当设置于辽会同元年（938年）或稍晚。

辽代伎乐人物石刻

“同文”与年号“会同”相辅相成，意为天下一同，各民族相会于辽上京。同时，同文驿也见证了辽王朝最盛时万国来朝的壮观景象。

十二、临潢驿

根据《辽史·地理志》上京条记载，辽上京汉城内设有同文驿和临潢驿两个驿馆，前者接待诸属国、属部使臣，后者接待西夏使臣。那么，辽廷为什么专门为西夏使臣设置驿馆呢？这里面自然是有原因的。

西夏，是由党项拓跋氏所建立的政权。党项族是羌族的一支，发源于今青海省东南部黄河一带，隋朝时开始内附中原政权，唐朝时经两次内迁集中到甘肃东部、陕西北部一带，逐渐形成党项八部，其中尤以拓跋部最为强盛（关于党项拓跋氏还有一说是北魏鲜卑拓跋氏后裔，西夏开国君主李元昊就自称是北魏鲜卑拓跋氏之后）。唐末党项拓跋部首领拓跋思恭因率部帮助唐廷平定黄巢起义有功，被唐廷赐为定难军节度使，封为夏国公，赐姓李。从此党项拓跋部以夏州（今陕西横山县）为中心成为一方藩镇。五代时期党项拓跋部始终与中原政权保持着附庸关系，与契丹关系则一般。

阿保机担任契丹可汗及开国称帝后，曾多次对党项诸部用兵，将所征服的党项部（不包括拓跋部）羁縻于西南边陲，设置西南面都招讨司加以管理。这些党项部成为辽属国，定期向辽廷朝贡。不过，由于受党项拓跋部的影响，被征服的党项诸部时附时叛，辽廷则不断派兵加以征讨，与党项拓跋部的关系也很紧张。

辽墓壁画《荷花图》（敖汉旗出土）

辽代滑石质印

辽代黄釉盘

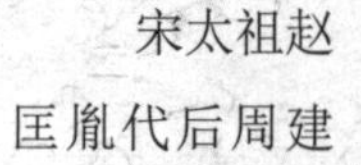

宋太祖赵匡胤代后周建立北宋后，党项拓跋部内附北宋，被赐姓赵，仍然占据夏州地区为一方藩镇。宋太宗赵光义继位后，为了削夺诸藩镇兵权，将党项拓跋部首领李继捧等贵族调到京城加以控制。李继捧族弟李继迁看穿了宋廷阴谋，拒不入汴京，从而遭到宋廷讨伐，李继迁为了对抗宋廷讨伐遂率部归附了辽廷（982年）。

就在党项拓跋部与北宋翻脸的同时，辽与北宋也正在发生着战争。

辽获取燕云十六州后一跃而成为地区霸主，但好景不长，石敬瑭只当了七年儿皇帝便死去（942年），其侄儿石重贵继承皇位，对辽只称孙不称臣，从而惹火了“皇爷爷”辽太宗率兵南下

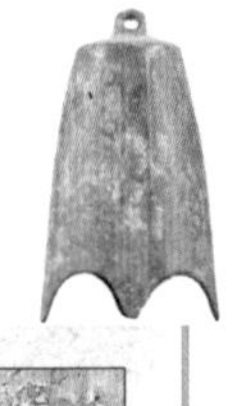

辽墓壁画《出行图》

讨伐，不料辽太宗在灭亡石晋政权北返途中突然病逝（947年），继任者辽世宗时间不长也在内乱中被杀（951年），辽廷皇权传到睡王辽穆宗手中。与此同时，中原的后汉政权也被后周所取代，后周世宗柴荣乘辽穆宗嗜酒好猎不理朝政之机，挥兵北上收复了益津、瓦桥、淤口三关十县地（959年），不想在挥军准备进攻辽南京时病重，回到汴京不久便病逝，赵匡胤兄弟乘机代后周建立了北宋（960年）。

赵氏兄弟建立北宋后审时度势，制定了先南后北的统一方略，没有立即挥兵北上收复燕云十六州，辽穆宗则只顾喝酒、打猎、睡觉，也没有挥兵南下收复三关十县地，南北之间进入冷战时期。期间，辽与北宋围绕着北汉政权（以今山西太原为中心）也有过多次交兵，但规模都不大，且战场都在北汉境内。

赵氏兄弟经过20年的努力，削平中原最后一

辽代壁画（巴林左旗出土）

辽代绢画

个割据政权北汉后，宋太宗乘胜威立即挥兵北上准备收复燕云十六州（979年），并很快包围了辽南京。此时辽景宗与皇后萧燕燕已经执掌辽廷皇权整整10年，经过奋发图强，不仅改变了辽穆宗时的颓政，而且使辽廷出现中兴景象，完全有实力与北宋一战。于是，双方在辽南京城（今北京）下开展了一场大战。这是北宋建国20年来与辽廷的第一次真刀实枪的较量，也是关系南北关系走势的较力。结果是大家所共知的，北宋完败，宋太宗幸得一毛驴车才逃得性命。

辽廷击败北宋的进攻后并没有收手，而是在随后的几年间不断挥兵南下伐宋，一方面报复北宋攻打南京之仇，一方面想一举收复三关十县地，不料辽景宗却在南伐期间突然病逝（982年），萧燕燕在韩德让、耶律斜轸等大臣的支持下将只有12岁的儿子耶律隆绪扶上龙椅，是为辽圣宗，辽廷随之陷入“母寡子弱”危局之中。

辽廷“母寡子弱”使本来已经没有勇气再言收复燕云十六州的北宋君臣又看到了希望，宋太宗于是在边将们的鼓动下又点起三路大军北伐，准备一举收复燕云十六州。这次北伐因发生在北宋雍熙三年（986年），因此被史学家们称为“雍熙北伐”。

辽廷虽然“母寡子弱”，但这个“寡母”并

契丹裔——李光弼

李光弼（708~764年），唐代名将，契丹人。父亲李楷洛，原为契丹酋长，武则天时候归唐朝。李光弼自幼为人严肃、深沉而刚毅，喜读班固的《汉书》，治军极严。天宝五年（746年），李光弼补为王忠嗣府之兵马使，充赤水军使。王忠嗣非常器重他，曾说：“他日得我兵者，光弼也。”天宝八年（749年）唐玄宗任命李光弼为朔方节度副使，知留后事，也就是实际上的朔方节度使，封蓟郡公。天宝十三年（754年），朔方节度使安思顺，爱其才干，想把自己的女儿嫁给他，李光弼听到以后托病辞官回家。在“安史之乱”中，李光弼和郭子仪一道，在抗击叛军、再定李氏王朝中立下了汗马功劳。

辽白釉缠枝牡丹纹陶盆

辽代木枕

非一般的人，她就是《杨家将演义》中家喻户晓的萧太后，是我国历史上屈指可数的女政治家、军事家之一，她在将儿子耶律隆绪扶上龙椅的同时，自己也升格为摄政太后，辽廷由此进入萧燕燕摄政时期。不过，就当时的形势而言，并不容乐观。一方面小皇帝辽圣宗年龄太小（只有12岁），政令难通，诸王不下200余人，觊觎皇位者大有人在；一方面边境未靖，阻卜、党项、女真、乌古、敌烈诸部趁辽廷“母寡子弱”之机不断起兵反辽。更主要的是，就在萧燕燕巩固皇权、派兵对诸叛部进行征讨的同时，又传来了北宋组织三路大军北伐，准备一举收复燕云十六州的信息。辽廷心里自然是没有底，正是在这个当口，党项拓跋部首领李继迁前来归附辽廷（986年）。

辽墓壁画《备宴图》

萧燕燕得到李继迁归附的信息后大喜过望，立即册封李继迁为定难军节度使、银夏绥宥等州观察处置等使、特进检校太师、都督夏州诸军事，把党项拓跋部拉到辽廷一边，从而可以腾出手来专心对付北宋进攻，并一举击败宋三路北伐大军。当年十二月（986年），即辽与北宋战争还没有结束，李继迁便向辽廷请婚，萧燕燕为了进一步笼络党项拓跋部，下诏册封王子帐节度使耶律襄之女汀为义成公主下嫁，并赐马三千，与西夏结为舅甥关系，自此党项拓跋部以辽属国向辽廷朝贡，辽廷则在辽上京汉城内专门设置了临潢驿，以接待党项拓跋部使臣。也就是说，临潢驿的设置时间当在李继迁归附辽廷当年（986年）或稍晚。

辽都提控印（巴林左旗出土）

辽廷之所以在上京汉城内专门设置临潢驿以接待党项拓跋部使臣，主要就是因为辽廷与党项拓跋部的关系不仅仅是宗主国与附属国的关系，而且还是盟友的关系，即党项拓跋部在辽对北宋的战争中发挥了重要作用。

辽廷击败北宋三路北伐大军后，并没有收手，而是在接下来的几十年间，不断出兵南下伐宋。这期间，党项拓跋部作为辽的盟友，也不断

辽木板画

地与北宋发生着战争，从而牵制了北宋的兵力，有效地支援了辽对北宋的战争，并最终签订了“澶渊之盟”（1004年）。为了感谢和表彰党项拓跋部在辽与北宋战争期间的突出贡献，辽廷先后册封李继迁为夏国王（990年）、西平王（997年），李继迁死后又册封其子李德明为西平王（1004年）。

“澶渊之盟”后，党项拓跋部与辽廷的关系仍然很密切，也仍然保持着盟友和朝贡关系。这主要是因为，辽虽然通过“澶渊之盟”结束了与北宋的数十年战争，但对形势却有着清醒的认识，那就是辽要想与北宋始终保持平等的兄弟关系，就离不开党项拓跋部这个盟友。也就是说，辽只有与党项拓跋部结盟，才能对抗北宋，也才能每年从北宋那里获取30万币帛的岁贡。正因为此，辽廷在建筑辽中京城的同时特意又建筑了来宾馆（1008年），作为在中京接待党项拓跋部来辽廷朝贡使臣的场所。

根据《辽史·地理志》中京条记载，辽中京城内建有“大同驿以待宋使，朝天馆待新罗使，来宾馆待夏使。”从三个驿馆的名称不难看出，辽廷对西夏使臣的待遇最高。“大同”体现了辽与宋即北南平等的兄弟关系，“朝天”显然是朝见天朝或天子的意思，“来宾”即贵宾。由此可见，辽廷对党项拓跋部是高看一眼的。不过，随着“澶渊之盟”的签订，辽与宋化干戈为玉帛，由敌对变为兄弟和平相处，辽与党项拓跋部的关系也发生了微妙的变化。

党项拓跋部原本就是为了对抗北宋而归附辽廷的，并非心甘情愿地为辽附属，因此当辽与北宋签订“澶渊之盟”结束长期战争后，党项拓

辽代花钱

跋部首领李德明也立即改变对宋的敌对态度，转而向辽、宋两朝称臣纳贡，并倚靠辽宋两强，开始向河西走廊用兵，拓展生存空间，积极准备建国。辽兴宗即位后以兴平公主下嫁给李德明之子李元昊，并赐其为夏国公、驸马都尉，辽与党项拓跋部的关系进一步密切。辽兴宗即位的第二年李德明病逝（1032年），辽廷遂册封李元昊为夏国王，继父李德明为党项拓跋部首领。李元昊继承王位的同时也继承父志加快建国步伐，6年后开国称帝（1038年），国号大夏，史称西夏，中国历史从此正式进入宋、辽、西夏三国鼎立时期。

西夏建国首先引起北宋的不满，双方战争又起，且是一场马拉松战争，一直打到北宋灭亡。

辽高身鸡冠壶
（巴林左旗出土）

辽对西夏建国心里肯定也是不满，因此并没有承认西夏政权的独立地位。不过，辽兴宗对于辽与西夏结盟以抗衡北宋的形势还是有着清醒的认识，因此对北宋与西夏的战争并没有袖手旁观，而是乘机向北宋索要五代时期被后周世宗柴荣攻取的三关十县地，作出声援西夏的态势。北宋迫于辽廷的压力，以每年向辽廷增加10万岁贡才保住了三关十县地。与此同时，宋廷也使了一计，如果辽兴宗能够说服李元昊重新归降北宋，宋廷每年就再多向辽廷输纳10岁币。辽兴宗也正想教训教训李元昊，于是就痛快地答应了。不料，李元昊却没有完全买辽廷的帐，在停止与北宋战争的同时，鼓动已经归附辽廷的党项诸部叛离而去，从而挑起辽与西夏的战争。辽重熙十三年（1044年）辽兴宗亲率大军征讨西夏，在河曲被李元昊打败，差一点成为西夏人的俘虏。河曲之战后，辽兴宗虽然没有正式承认西夏政权的独立地位，但却默许了西夏国的存在，把云州（今山西大同）升为西京（1044年11月），以专门防御西夏。李元昊打败辽兴宗之后，并没有彻底与辽廷翻脸，而是向辽廷纳贡如常，以维持双方的盟友关系。但是，辽兴宗却始终想着要报河曲兵败之仇。辽重熙十七年（1048年）李元昊在内讧中死去，辽兴宗终于等到了报仇机会，再派兵征讨西夏，但并没有占到什么便宜。不过，西夏在李元昊死后便进入内讧时期，无力与辽廷抗衡，因此在向辽廷朝贡的同时，多次派使到辽廷请求恢复双方原来的关系。辽重熙二十三年（1054年）

辽帖金木雕释迦佛坐像

中西合璧的辽代历法

现存辽人与天文学有关的著述有耶律纯《星命总括》一书，耶律纯，自号源髓老人，圣宗时为翰林学士，统和二年（984）使高丽，传其国师元斋星命之学，撰《星命秘诀》四卷，为阴阳卜筮书，书中既有中国传统的二十八宿，也有西方的十二宫，也显示出融会东西的特点。辽代地处亚洲腹地，所控制的地域达西达西域，因此辽代的历法在吸收中原汉族历法的同时，也通过回鹘受到了西方历法的影响，表现出中西合璧的性质。

辽墓石刻人像

辽代海兽葡萄镜（巴林左旗出土）

西夏向辽廷正式递上降表，双方修好。自此一直到辽亡，双方始终保持着宗属国、盟友和朝贡关系。

北宋与辽被史学界称为中国历史上又一南北朝，这种局面的形成，与西夏政权的存在是分不开的。有辽一世，西夏既是辽的属国，又是独立政权，同时也是辽的盟友。双方相互掣肘北宋，从而造成了宋、辽、西夏长期并存的历史局面。期间西夏不论是建国前的拓跋部，还是建国后的西夏政权，在接受辽廷册封的同时，每年都要向辽廷朝贡，双方往来不断。正因为此，辽廷才对西夏高看一眼，在辽上京城内设置临潢驿，在辽中京城内设置来宾馆，专门接待西夏使臣，接待规格要远远地高于其他属国和属部。

辽代开龙寺堆灯骨灰匣板

第六章 寺塔

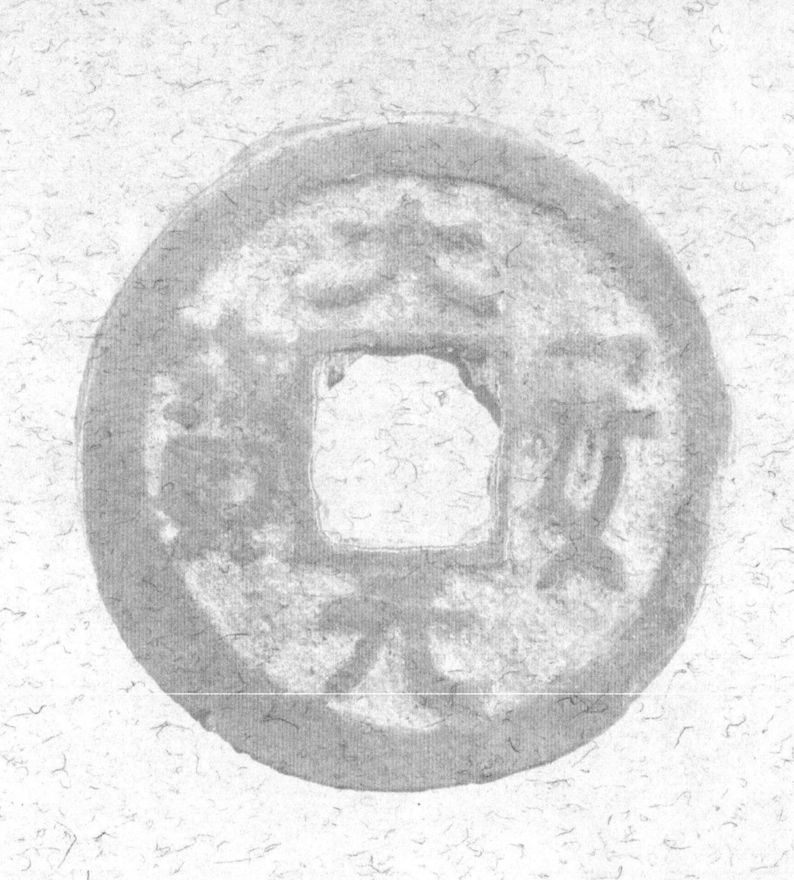

寺塔

契丹族是一个多教信仰民族，萨满、佛、道、儒等在契丹社会都大行其道，并行不悖，尤以佛教为盛。辽兴宗、辽道宗两朝契丹社会僧人多达数十万之众，甚至出现了“一岁而饭僧三十六万，一日而祝发三千”的“景观”。时至今日，当我们为辽王朝灭亡、契丹人消失、契丹辽文化遗迹和遗址无存而扼腕叹息时，辽代佛教艺术的遗存却历经千年风霜，依然以各种形式屹立在中国北部。正因为此故，有辽史研究者认为：辽朝最繁荣、最值得记忆、也是历经十个世纪遗存至今的是佛学；公元十世纪至十二世纪，世界佛教文化中心在东亚，而东亚佛教文化中心在辽帝国而不在宋。辽上京作为大辽王朝200余年首都，自然又是辽王朝佛教文化中心。《辽史·太祖纪》载，辽太祖在建筑皇都城的同时“诏建孔子庙、佛寺、道观”，天赞四年（925年）“幸安国寺，饭僧”；《辽史·太宗纪》载会同五年（942年）辽太宗“闻皇太后(述律平)不豫……幸菩萨堂,饭僧五万人”；《辽史·圣宗纪》载辽统和四年(986年)辽圣宗“又以杀敌多，诏上京开龙寺建佛事一月，饭僧万人”。由此可见辽上京佛寺之多，僧人之众。据不完全统计，辽上京附近负有盛名的寺院就达二十多处，如天雄寺、弘法寺、开教寺、弘福寺、开化寺、开龙寺、宝积寺、开悟寺等，只可惜这些寺院的遗迹和遗址历经千年风霜大都荡然无存了。聊以慰藉的是，今天的辽上京遗址附近仍然保存有辽真寂之寺及两座辽代佛塔——辽上京南塔和北塔。

一、真寂之寺

真寂之寺位于辽上京城遗址西南20公里的山谷中，即现在的巴林左旗后召庙。

真寂之寺所在山谷是一个箕形山谷，谷底突兀而起一座小山，东、南两面为悬崖峭壁，山顶上矗立着一个巨型桃石，只有三点支撑，摇摇欲坠，被人们形象地称为桃石山，真寂之寺便是在桃石山东侧悬崖峭壁下部凿山为窟而成，因之桃石山又被称为灵岩山。

真寂之寺有南中北三座石窟，南窟长宽各约3.5米，正中雕刻有佛祖释迦牟尼、左右分别雕有散财童子和龙女、前方左右分别雕有骑白象的普贤菩萨和乘青狮的文殊菩萨、门侧各雕一尊天王像、南西北三壁雕千佛像45尊。

中窟为主室，与南窟在一个平面上，面阔6.5

辽代真寂之寺

辽代伎乐人残石

《醉义歌》

辽代契丹人的诗作中，《醉义歌》篇幅最大、且最具典型意义。《醉义歌》署名为“寺公大师”。原诗用契丹文写成，后被耶律楚材译为汉文，今即保存于楚材的《湛然居士文集》中，译文为七歌行体，长达120句。此诗从重阳节饮酒入手，多方面地抒写了对人生的感慨，表示对隐逸生活的喜爱：“我爱南村农丈人，山溪幽隐潜修真。老病尤耽黑甜味，古风清远途犹迍。喧嚣避遁岩麓僻，幽闲放旷云水滨。”全诗结构开阖有致，脉络鲜明，是古代诗歌中各民族文化互相融合的生动例证。

米、进深5米、高约2.5米，窟中央雕有佛祖释迦牟尼首南脚北面东卧佛一尊，过去、现在、未来三世佛立于佛祖身后，虚空藏菩萨和地藏菩萨分立于佛祖首脚两端，佛祖身前雕有16弟子像，南北西三面石壁浮雕千佛像112尊。真寂之寺一名便取此窟佛祖圆寂之意。

北窟高于南、中两窟约2米，分为内外两室。外室与南窟浮雕塑像略同，内室浮雕内容比较丰

辽代绿釉折肩罐

辽真寂之寺石窟内释迦牟尼卧佛像

富，正中雕有佛祖释迦牟尼坐像、两侧分雕伽叶、阿难两弟子、佛祖像前两侧各雕有一尊供养菩萨、南北两壁各雕一尊护法天王像等。

清代巴林王在真寂之寺石窟前接建佛殿取名为善福寺，1974年修缮善福寺时，在中窟上方门楣处发现阴刻“真寂之寺”四个大字，知石窟为辽代真寂之寺。“真寂”两字正与中窟佛祖释迦牟尼涅槃像相合。

关于真寂之寺石窟的建筑时间，《辽史》中没有记载，也没有发现这方面的资料，目前尚不能确定。我们只能从有关文献记载和考古发现来加以推测。

首先，真寂之寺石窟虽然不能与敦煌石窟、云冈石窟、天水麦积山石窟和龙门石窟等我国四大著名石窟相提并论，但我们也可以从四大石窟的建筑过程得到启示。敦煌石窟是四大石窟中开凿最早的石窟，由僧人乐僔开凿于前秦（366年），北魏时期（386年—534年）大规模建筑；天水麦积山石窟开凿于后秦（384年—417年），北魏时期得到辉煌发展；云冈石窟由北魏统治者开凿于北魏兴安二年（453年）；龙门石窟开凿于北魏迁都洛阳（493年），由北魏统治者修建。从中

不难发现，四大石窟都有北魏统治者的参与或直接开凿建筑（如云岗和龙门两石窟），这既与北魏统治者笃信佛教有关系，同时也与财力物力有关系。也就是说，开凿石窟这样的工程，没有国家和皇家财力的支持是很难完成的。进一步来说，真寂之寺石窟应是在辽王朝统治者或皇家的参与下开凿的，也就是契丹建国后才有条件开凿这样的石窟。

其次，契丹与北魏统治者（拓跋鲜卑）都是东胡后裔，具有相同的族源，契丹虽然崛起于北

辽韩元佐汉文墓志拓片（巴林左旗韩匡嗣家族墓出土）

魏政权灭亡300多年之后，但在接受和吸纳中原文化方面却有共同之处，例如利用汉族士大夫们治理国家、使用中原礼仪和汉语言文字等，这其中当然也包括信奉佛教。所不同的是，北魏政权统有黄河流域，其统治区域内有大量的佛教圣地，如敦煌石窟、天水麦积山石窟、五台山等，具有开凿石窟的参照物和优越条件；而契丹政权建立之初只统有长城以北地区，佛教是后来传入的，不仅佛教本身需要有一个发展的过程，而且国家和皇家财力也需要有一个积累的过程。在这种条件下，开凿真寂之寺这样的石窟显然是不具备条件的。

根据《辽史》记载，天雄寺是上京皇都地区建筑最早的寺院（912年），是辽太祖为了安置在对外征伐中所俘虏的50名僧人而建。由此可知，契丹腹地的僧人有一部分是契丹统治者从对外征伐中俘虏而来。也就是说，随着契丹不断对外征伐，契丹腹地的僧人才逐渐多了起来。但是对外征伐毕竟是有限的，因此佛教在辽太祖朝及辽太宗朝初期还处于传播的初始阶段，还没有太大的市场，僧人和寺庙也不会太多。《辽史·太宗本纪》载，辽天显十年(935年)辽太宗“幸弘福寺为皇后饭僧，见观音画像，乃大圣皇帝、应天皇后及人皇王所施，顾左右曰：‘昔与父母兄弟聚观于此，岁时未几，今我独来！’悲叹不已。乃自制文题于壁，以极追感之意”。由此可知，弘福寺建于辽太祖朝，辽太宗曾在此寺饭僧，说明弘福寺是当地香火比较旺盛的寺庙。经考古发现，弘福寺位于真寂之寺附近，如果当时真寂之寺石窟已经开凿完成的话，辽太宗不可能舍真寂之寺而在弘福寺来饭僧。也就是说，辽太宗天显十年（935年）时，真寂之寺石窟有可能还没有开凿。

辽太宗获取燕云十六州（938年）后，一方

辽真寂之寺石窟内佛像

辽代官字款白釉盘

面契丹统治者将燕云地区佛教徒掠入腹地（如辽太宗在将石敬瑭扶上中原龙椅返回契丹途经幽州大悲阁时，便将此阁中白衣观音像移到木叶山建兴王寺供奉之），从而促进了佛教在契丹腹地的传播；一方面在将云冈石窟纳入契丹版图的同时，契丹人也能广泛地接触到敦煌石窟、天水麦积山石窟和龙门石窟，从而为开凿真寂之寺石窟提供了蓝本；一方面燕云地区发达的经济也为开凿真寂之寺石窟提供了物质条件。也就是说，契丹获取燕云十六州后，才具备了开凿真寂之寺石窟的条件。不过，契丹统治者对燕云十六州有一个接收和管理的过程，是不可能马上就参照云岗、敦煌等石窟开凿佛教石窟的。根据《辽史·圣宗本纪》载，统和四年（986年）辽圣宗“又以杀敌多，诏上京开龙寺建佛事一月，饭僧万人”。开龙寺（见鲜演墓节）位于辽上京城遗址北3公里的山坡上，辽圣宗选择此寺饭僧来超度辽宋战争中死去的亡灵，说明开龙寺是当时上京附近香火最旺盛的寺庙，如果此时真寂之寺石窟已经开凿完成的话，

契丹饮茶的习俗

契丹通过来唐学习的酋长子弟或质子、和藩公主及侍女以及朝觐朝贡的使臣，将饮茶风习传入契丹；八世纪中至十世纪中，饮茶风习已在契丹各阶层中广泛传播；十世纪后期至1125年，饮茶已成为契丹族的生活习俗，且影响到其社会政治与民俗。其茶叶来源，初则通过馈赠、使臣与和藩公主带入；晚唐五代时，主要是通过朝贡馈赠、中原王朝进献、边境贸易、越海贸易、私人茶商以及战争掠夺；北宋时，其茶叶来源主要通过宋辽边境榷场、私人茶商贸易与宋朝的馈赠。饮茶作为一种礼仪已渗透于契丹族人的宗教信仰、政治礼仪与民俗中，且形成自身的饮食文化传统。

辽代花押印

辽圣宗肯定也是不会舍真寂之寺而选中开龙寺来超度亡灵的。也就是说，真寂之寺在辽圣宗朝时有可能还没有开凿。

第三，1974年修缮善福寺时，在中窟上方门楣处所发现的阴刻“真寂之寺”四字中，“真”字中间缺少“一”横，这显然不是笔误，而是有意在避讳“真”字。避讳是中国古代社会特有的现象，大约起于周，成于秦，盛于唐宋，至清代

更趋完密，民国成立后废除。所谓的避讳，就是人们对皇帝或尊长不能直呼或直书其名，否则就有因犯讳而坐牢甚至丢脑袋的危险。避讳常见的方法是用意义相同或相近的字或减少字的笔画来代替要避讳的字。辽王朝也很盛行避讳之风。例如，巴林左旗杨家营子镇出土的“大契丹国夫人萧氏墓志”中，在谈到萧氏的父亲时有“异绩殊勋，已标青史，英声勇略，足播‘日门’时”，其中的“日门”字，就是为了避讳辽穆宗的汉名“明”及辽景宗小字“明扆”中的“明”字，而特意将“明”字中“月”字旁略去“二”横；女真族为了避讳辽兴宗耶律宗真的“真”字，而改称“女直”。辽廷九帝中，只有辽兴宗耶律宗真的名及字中占有“真”字，因此真寂之寺的“真”字中间缺少“一”横，显然也是为了避讳辽兴宗耶律宗真的名字“宗真”中的“真”字。由此我们可以推测，真寂之寺石窟有可能开凿于辽兴宗朝或以后，即开凿于辽兴宗、辽道宗、辽天祚帝三朝。这也符合佛教在辽王朝的发展情况。

辽真寂之寺石窟内佛像

佛教是契丹建国初期开始在契丹社会盛传，并首先受到契丹上层社会贵族们的青睐，特别是辽廷诸帝对佛教更是情有独钟，这其中尤以辽兴宗、辽道宗为最。辽兴宗耶律宗真不仅与佛道界人士为友，而且还曾受过戒；辽道宗耶律洪基每年都要召开佛学大会，亲自讲经说法，从而把契丹社会崇佛敬道之风推向鼎盛，出现了“一岁而饭僧三十六万，一日而祝发三千”的“壮观景象”。上文已经谈及，开凿真寂之寺这样的石窟，是离不开辽廷财政和皇家支持的，而只有对佛教笃信之极的皇帝，才可能开凿真寂之寺这样的石窟。在辽廷诸帝中，辽兴宗、辽道宗父子最为笃信佛教，真寂之寺石窟有可能开凿完成于辽兴宗和辽道宗两朝。

辽代“大安元宝”铜币

第四，真寂之寺东南5华里处，还有一个佛教石窟，长6.75米，进深5.25米，高3.4米，内有小佛龛，龛内原有天王像、罗汉佛像、弟子像共58尊（现已不见）；清代时在此石窟前接建

隆善寺，后因年久失修而坍塌，现只存隆善寺遗址和石窟。在石窟附近发现有辽代石幢，其中之一上刻有“乾统九年乙丑午时十月三日上京开化寺僧普□”字样，由此可知此石窟为辽代开化寺，至迟辽天祚帝乾统九年（1109年）时石窟已经开凿完成。开化寺石窟与真寂之寺石窟相距只有5华里，两石窟的开凿时间即使不是同时，也不会相差太远。从两石窟的石刻佛像规模和内容来看，真寂之寺石窟的开凿时间应早于开化寺石窟。由此推测，真寂之寺石窟应当开凿完成于辽兴宗、辽道宗父子两朝共70年的时间段内（1031年至1101年）。

真寂之寺石窟是辽代佛教圣地，也是目前国内保存最好的辽代石窟，同时也是内蒙古地区佛教及旅游胜地。每年的农历四月十五日为真寂之寺庙会（庙会时间实际为十四至十六日三天），

辽墓壁画《击鼓图》（敖汉旗出土）

辽代马鞍架

届时以巴林左旗为中心、方圆数百公里内的人们来到真寂之寺朝拜、旅游观光、经商做生意，真寂之寺庙会已经不仅仅具有宗教意义，而是融宗教、经济、文化、民俗于一体的各民族团结、交流、互通有无的盛会。

二、上京南塔

上京南塔位于辽上京城遗址南7公里的土龙山上，俗称南塔。据考古调查，此塔历史上曾经过多次维修，现塔是1991年国家文物局拨款加固维修而成，为八角七层密檐式砖塔，现高25.47米，塔角下系有风铎，与原塔差别较大。

据有关资料介绍，原塔四面四隅镶嵌有各种佛像及华丽装饰。南、西、北、东四面分别镶嵌着宝生佛、阿弥陀佛（无量寿佛）、不空成就佛、阿閦佛。这四佛再加上塔心室内的毗卢遮那佛（大

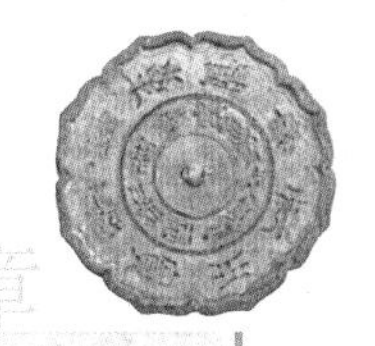

日如来佛），即为金刚界五佛，由此可知南塔属佛教密宗金刚界之佛舍利塔。

西南、西北、东北、东南四隅镶嵌有各种佛像、飞天、供养菩萨、砖雕华盖、云朵等装饰。四隅中下部分设有八大灵塔，自西南顺时针分别是净饭王宫生处塔、菩提树下成佛塔、鹿野苑中法伦塔、给孤园中名称塔、曲女城边宝阶塔、耆闍掘山般若塔、庵罗卫林维摩塔、娑罗林中圆寂塔，这八大灵塔简略地概括了佛祖释迦牟尼的生平事迹。

上京南塔的最大特点是塔身西南隅镶嵌有道教人物塑像。

佛塔是寺院的标志性建筑，宗教本身又具有排他性，按照常理来说，在佛塔之上出现道教人物塑像，是不可能的事情，除非修塔人即笃信佛教也笃信道教，而这样的人在辽朝确实存在。

前文已经叙及辽代儒、佛、道、萨满等教并盛各行其市，特别是在辽廷上层社会贵族人群中，崇佛信道的人大有人在，其中就包括辽帝、后和皇室人员。这其中又以辽兴宗和辽道宗两朝最为兴盛。

辽上京南塔

葬尸面具

辽代贵族入葬，按契丹习俗，施以“面具”罩住头部。这种“葬尸面具”，颇具北方地域与民族特色。根据辽墓出土的“面具”来看，辽代金属面具是按墓主的面容打制的，所以具有性别和年龄之分，男性面具较大，具有一种粗犷的韵味，而且多数錾刻胡须；女性面具相对而言较清丽，耳垂部多留有佩戴饰件的圆孔。此外，辽代墓葬中还有一种“网络”葬衣，用细铜丝分片编制而成，穿戴于死者的躯干和手脚及四肢部位。

辽兴宗耶律宗真经常与佛学大师们谈经论道、作诗吟对，有“为避绮吟不肯吟，即吟何必昧真心；吾师如此过形外，弟子争能识浅深”等诗句留于世。据说辽兴宗还受过戒，如果不是对佛教笃信致深，一个皇帝怎么会有出家当和尚的想法呢？同时，他还交了许多道教界朋友，经常出入道观、酒店，甚至把道教界朋友领入皇宫大内，让后宫嫔妃们与道姑互换衣服同场嬉戏，如果不是笃信道教致深，一个皇帝怎么会把后宫大门向道士尼姑们敞开呢？由于辽兴宗崇佛信道，辽廷皇室贵戚自然也竞相效仿，从而把辽朝崇佛信道之风推向鼎盛，甚至在修建的佛塔身上出现了道教内容。

巴林右旗镜内辽庆州释迦牟尼舍利塔（俗称辽庆州白塔），是辽兴宗生母元妃萧耨斤所建，动工于辽重熙十六年（1047 年），完工于辽重熙十八年（1049 年），塔身上就镶嵌着 1046 面铜镜，而这种铜镜便是道教常用的一种法器；辽宁省兴城县白塔峪佛塔，建于辽道宗大安八年（1092 年），是辽道宗孙女耶律延寿（燕云公主）所建，此塔

身上也镶嵌有道教法器铜镜；巴林左旗哈拉哈达镇一座辽墓壁画中既有佛教内容也有道教内容等。由此可见，辽王朝所建佛塔上出现道教物件，并非什么奇闻，这正是辽王朝佛、道并行，宗教文化多元化的产物。

根据考古调查，上京南塔是辽代开悟寺内之佛舍利塔，在塔东南 50 米处的平台上尚存长 90 米、宽 80 米的寺庙建筑址。由于在维修南塔时没有发现有关建塔时间等方面的记载，因此南塔的建筑时间目前尚没有定论。1953 年曾在南塔下捡拾到一块赭色残碑片，其上残存“……至第檐……十二年……”等字样，有学者据此推断南塔建筑

辽代兵制

史料记载，“凡民年十五以上，五十以下，隶兵籍”。军队分正军和家丁，正军是国家的正式军队，家丁是由奴隶和部曲组成，不能充正军。每“正军一名，马三匹，打谷草、守营铺家丁各一人”。辽代军队的装备由军士自行筹备，“人铁甲九事，马鞯辔，马甲皮铁，视其力；弓四，箭四百，长短枪……”，其中规定辽兵出征兵器自备，粮草自备，尤其值得注意的是，兵士的粮草各自通过打谷草的方式解决。

辽上京南塔浮雕道教人物像

辽经幢（宁城县出土）

于辽太宗天显十二年（937 年），塔身上镶嵌的佛像及其装饰是辽中晚期维修该塔时后加上去的。

笔者认为，残碑中的“十二年”与南塔的建筑和维修有关系，或为建塔时间，或为维修塔的时间，或为镶嵌道教人物塑像的时间。

一般来讲，任何人做任何事情都是有缘由的，修建佛塔也是一样。辽兴宗生母元妃萧耨斤修建辽庆州白塔，就显然与她的所作所为有关系。萧耨斤原本是一个宫女，由于辽圣宗皇后菩萨哥（即齐天皇后）生育两皇子都夭折，从而造成储君之位久空，萧耨斤通过某种渠道为辽圣宗生下二子二女，被册封为顺圣元妃。但她并不满足，用尽各种手段与菩萨哥争夺皇后之位。辽圣宗病逝后，她更是违背辽圣宗以齐天皇后为皇太后，以元妃为皇太妃的遗嘱，自封为皇太后并强行摄政。不仅如此，她在杀死手无寸铁的齐天皇后菩萨哥的同时，还疯狂捕杀所谓的齐天皇后党人，被她无辜杀死的人多达百余人。同时，为了满足两姐妹的要求，竟然干出“杀妇夺夫”、“欺女霸男”的事情来，可谓是淫威横施、残酷霸道、罪孽深重。契丹人相信鬼神的存在，随着时间的推移和年龄的增长，萧耨斤肯定也会对自己所犯下的罪行“疑神疑鬼”，为了解脱“冤魂野鬼”缠身的日子，便修建了庆州白塔，以“求佛救度”。据庆州白塔“建塔碑”的记载，庆州白塔的竣工时间是“七月十五日”，这个日子正是佛教中的“盂兰盆节”，亦称“鬼节”，其内容便是追荐死亡者的魂灵，求佛救度。

辽王朝九帝中，只有四个皇帝使用一个年号的时间超过了十二年。即辽太宗天显年号使用十二年，辽穆宗应历年号使用十九年，辽圣宗统和年号使用二十九年，辽兴宗重熙年号使用

辽上京南塔浮雕佛像

二十四年。这其中，辽太宗天显十二年（937 年）和辽兴宗重熙十二年是辽王朝历史上两个特殊的年份。

辽太宗于天显十一年率大军南下灭亡中原的后唐政权，把石敬瑭扶上中原龙椅的同时，将燕云十六州划入契丹板图，于天显十二年率军返回契丹。这期间修建佛塔或为了纪念自己将燕云十六州收入囊中之盖世之功，或超度战争中阵亡将士的亡灵并立碑加以铭记等都是有可能的。因此，也有学者认为上京南塔始建于天显十一年而竣工于天显十二年，也是有一定道理的。

辽代南塔石雕佛像

辽重熙十二年（1043 年）也是辽王朝历史上一个特殊的年份。辽兴宗见北宋在与西夏的战争中连吃败仗，便也想乘机在北宋身上捞点好处，于重熙十一年（1042 年）派使臣到北宋索要五代时期被后周世宗柴荣攻取的关南十县地。双方经过讨价还价、几经周折，第二年即辽重熙十二年，北宋终于答应以每年向辽廷增加 20 万币帛为条件，将关南十县留在自己手中，辽兴宗不费一兵一卒便每年多从北宋那里获取 20 万币帛，再加上“澶渊之盟”时的币帛，辽廷每年从北宋获取 50 万币帛，这自然是值得大庆特贺的事情。辽兴宗崇佛信道，建筑佛塔或对原来佛塔加以“扩容”，在上面镶嵌上佛、道教人物塑像并立碑加以铭记也是完全有可能的。辽宁沈阳市内塔湾舍利塔便建于辽重熙十三年；辽宁朝阳市内北塔则是辽重熙十三年重修的。

不过，由于没有“十二年”建塔的确切记载，因此辽太宗天显十二年也好，辽兴宗重熙十二年也好，都只能是推断的建塔时间。既然是推断，那么南塔的建筑时间就还有探讨的必要。

笔者在撰写本书期间，曾多次到辽上京遗址踏察，在不经意间发现了一种现象，那就是上京南塔、开皇殿（辽上京皇城大内中心建筑）、北辰门三点几乎在同一条直线上。如果这种现象不是巧合，而是人为的话，那么南塔有可能建筑于皇都城之前。

上京南塔建筑在辽上京城南土龙山（辽代石盆山）尾端小山包上（因此山体蜿蜒如一条龙而被当地人称为土龙山），开皇殿位于辽上京皇城内中部偏北的山丘之上，这两个建筑物都是因地势而建，应当是固定的，是不能随意挪动位置的，如果刻意追求南塔、开皇殿、北辰门三点一线的话，也只有北辰门可以灵活选择地点。通过辽上京遗址航拍图，我们可以清晰地看见，辽上京城北门

辽代箕形陶砚

即北辰门并不在北墙的适中位置，而是偏于西段。也就是说，北辰门位于北城墙西段，有可能就是为了追求与开皇殿和南塔在一条直线上的效果。如果这一推断成立的话，那么南塔建筑时间应上推至辽太祖朝。

根据《辽史》记载，开皇殿建筑于辽太祖八年（914年10月），皇都城建筑于辽神册三年（918年2月），则南塔建筑时间应在辽神册三年之前。天雄寺（见上文天雄寺节）是《辽史·本纪》记载辽太祖在辽上京地区最早建筑的寺院，由此可知辽上京南塔所在的开悟寺应建于其后。也就是说，辽上京南塔应建于辽太祖六年（912年）至辽神册三年（918年）之间，具体时间当在辽太祖开国称帝（916年）至建筑皇都城（918年）的两年多的时间内。因为辽太祖七年（913年）和八年（914年）两年间，辽太祖主要忙于平定和处理诸弟叛乱，辽太祖九年（915年）阿保机又在诸部酋长“逼宫”下，被迫交出旗鼓离开辽上京（时称西楼）到炭山汉城自为一部，在这三年多的时间里，阿保机

辽代柳斗罐

辽代九弦纹陶瓶

是没有心思和时间在辽上京地区建筑寺庙的。经过一段时间的养精蓄锐，阿保机在盐池计杀诸部酋长复统八部，于神册元年（916年）2月在龙化州筑坛开国称帝后，才重新回到上京地区。在随后的两年间，阿保机多次率军南下攻掠燕云地区，俘获汉人口众多，这其中自然也少不了僧人，建筑寺院来安置所俘僧人也是完全有可能的。从《辽史》记载来看，除天雄寺之外，皇都城内的安国寺和真寂之寺附近的弘福寺就都是阿保机所建。

综上而言，笔者认为，上京南塔有可能建筑于辽太祖朝，具体时间当在阿保机开国称帝（916年）至建筑皇都城（918年）近三年的时间段内。残碑上的“十二年”或是辽太宗天显十二年进行维修、或是辽兴宗重熙十二年重修时将道教人物塑像镶嵌在塔上面的时间。不过，不论上京南塔建于何时，其上面佛、道教人物塑像并存，都反

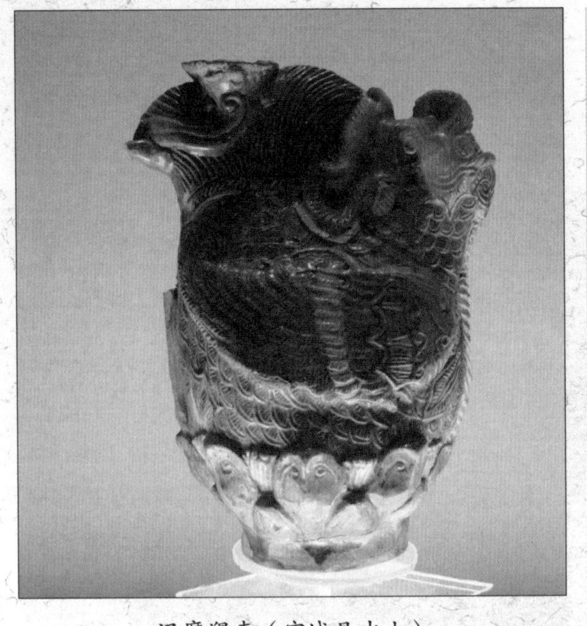

辽摩羯壶（宁城县出土）

辽上京北塔出土玻璃舍利瓶

映了辽王朝佛、道教并行、崇佛敬道风气盛行的社会现实。

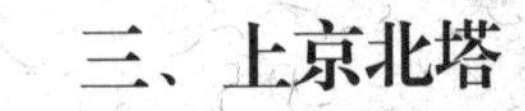

三、上京北塔

上京北塔位于辽上京城遗址北2公里的小山头上，俗称北塔。此塔于1980年和1990年进行过两次维修，为六角五层密檐式砖塔，现高15米。据不完全统计，辽五京内现存100余座辽塔中，90%以上为八角形，5%左右为方形，另外不到5%为六角形，辽上京北塔便是其中之一。

在维修北塔时，从塔中出土了木制小塔、玻璃舍利瓶、鎏金铜经筒、白瓷碗、铜净瓶等18件文物，其中尤以玻璃舍利瓶内所装佛舍利子最为珍贵。

辽代福寿家安铜镜

佛舍利子，原指佛祖释迦牟尼圆寂火化后留下的遗骨，后泛指修行得道的高僧圆寂火化后的遗留物，以白（骨舍利）、黑（发舍利）、赤（血舍利）三色为多，也有绿、黄等各种颜色的，形状大小不一。佛教信徒们视高僧舍利子为宝物，建塔供养，因此佛塔也被称为佛舍利塔，盛装舍利子的瓶子称为舍利瓶。上京北塔出土的玻璃舍利瓶内装佛舍利子数十，皆为乳白色圆形或椭圆形颗粒，属于

御帐亲军

辽朝军队的主力，是由皇帝直接调遣的禁军，而禁军的精锐即是“御帐亲军”。“御帐亲军”创置于辽太祖时代的“腹心部”，到太宗时加以扩充，成为辽代中央的精锐军队。太宗时期所形成的御帐亲军，包括大帐皮室军和属珊军两个部分。大帐皮室军是在太祖时“腹心部”的基础上扩建而成。属珊军，是述律后“居守之际”所创置，“选蕃汉精兵”二万骑，因“珍美如珊瑚”，所以叫属珊军。两军合称“御帐亲军”，共计五万骑，是一支重要的武装力量，是加强皇权的有力工具。述律后死后，属珊军被改编，皮室军始终是辽军中的主力军队，编制庞大，分左、右、南、北、中五军。

骨舍利。

关于舍利子的形成，历来众说纷纭，莫衷一是。但有一点可以肯定，那就是只有得道高僧们圆寂火化后才会形成舍利子，即所谓的“佛教修道者生前依戒定慧熏修而得，慈悲喜舍无量功德所成”，而这样的高僧显然又是不多见的。也就是说，舍利子是佛教界至宝，难逢难遇。上京北塔出土的舍利子经鉴定为真舍利，是非常难得也是极其珍贵的。

佛舍利塔中的舍利子来源主要有两种，一是寺院中的高僧圆寂火化后形成舍利子，僧徒们如获至宝，建塔供养；二是佛教信徒通过某种渠道得到佛舍利子建塔供养。上京北塔中的佛舍利子属于哪一种因没有资料还不能确定，但从上京北塔的形制来看，当属于前者。

上京北塔为五层六角形，通高15米，每边长2.4米，这在目前所存的辽塔中也属于小者，与皇家建塔身份不符，极有可能是寺院中某一位高僧圆寂火化后形成了舍利子，僧徒们如获至宝，在寺院内建塔加以供养。由于寺院经济状况并不十分理想，所以便修建了这样一座小塔。

据考古调查，上京北塔是辽代宝积寺内之佛舍利塔，关于建塔时间，由于没有发现这方面的资料，目前还不能确定。不过上京北塔出土文物与辽庆州白塔出土文物相同或近似，且较庆州白塔出土文物更为古朴，由此推断上京北塔最迟也应建于辽重熙年间，即与辽庆州白塔同一时期，由于建塔人身份和财力不同（即庆州白塔为皇家所建，上京北塔为寺院所建），从而造成两塔的形制不在一个档次上。

上京北塔虽然形制矮小，但“山不在高有仙则名，水不在深有龙则灵”，由于此塔上供养有真舍利子，当是辽代时上京皇都附近的名塔，宝积寺肯定也是僧徒多多，香火旺盛，不乏高僧名侣。

辽上京北塔出土佛舍利子

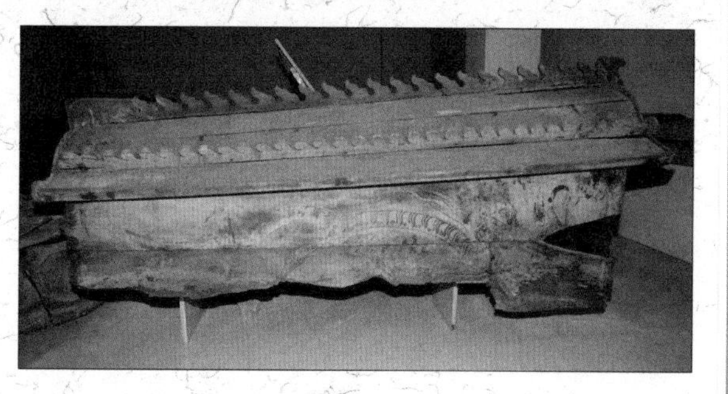

辽代木棺

察割政变

辽世宗不顾其他臣僚的反对，强行进军至归化州之祥古山。当时，世宗与生母萧太后祭其父"让国皇帝"耶律倍于行宫，并与群臣饮宴皆大醉。耶律察割乘机伙同耶律盆都，还串连燕王、六院大王耶律郎五，发动了政变。当天傍晚，察割和盆都率兵入宫帐，杀死世宗及太后，察割自称皇帝，百官有不从者，尽执其家属而囚禁之。后耶律屋质等人起兵勤王，将耶律察割诱出帐外，乱刀砍死，其他参与叛变的人也陆续伏诛。

辽上京北塔

早年在北塔所在的小山东南坡尚存有大片建筑遗址，文化堆积达一米多厚，地表散布有辽代沟文砖、布纹瓦和绿色琉璃瓦残片等，应是宝积

辽扣盖式骨灰罐，巴林左旗出土

寺遗址，说明宝积寺历史久远，甚至在辽王朝灭亡后香火仍然旺盛一定时期。

辽铜鐎头（现存赤峰市博物馆）

第七章 墓葬

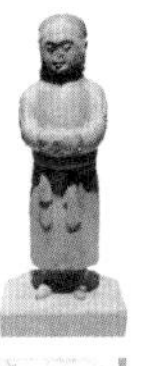

墓葬

辽上京作为契丹辽王朝耶律氏皇族发祥地、200余年的首都，是辽廷显贵们聚居比较集中的地区，因此辽上京附近埋葬着诸多的辽廷显贵。根据巴林左旗第三次文物普查结果，辽上京附近即巴林左旗境内有辽代古墓葬300余处，出土辽代文物数万余件，是目前国内发现辽墓和出土辽代文物最多的地区之一。由于辽王朝留给后世的书籍和实物不多，因此辽墓的发现及其出土墓志、文物等是我们研究契丹辽王朝历史极为难得的重要资料。现择辽上京附近发现的几处有影响的辽墓加以简述。

一、辽德陵（石室）

辽德陵，即辽太祖阿保机父亲撒剌的陵墓。《辽史》并没有记载辽德陵的建筑时间和地点，涉及辽德陵的内容也不多；目前学界关于辽德陵地点也没有定论，涉及辽德陵方面的研究文章

辽祖州石室

也很少。笔者借撰写本书之机，不揣深浅，就辽德陵作一探讨，以抛砖引玉。

笔者认为，辽祖州内石室就是辽德陵。

辽鎏金面具，巴林左旗出土

（一）目前学界关于祖州石室的几种观点

辽祖州城内石室，当地人称之为石房子、石庙，学界称为石室、石屋，位于祖州内城西部区域的西北角，由七块厚达60厘米的花岗岩石板拼制而成，是辽祖州遗址内目前唯一尚存的建筑。石室坐西北朝东南，长方形平顶，长6.7米，宽4.8米，高3.5米；东南方正中开一门，门宽1.4米，高1.95米；门上为窗，窗宽2.3米，高0.9米；石室内平铺一块长4.48米，宽2.43米的石板（石床）。

由于《辽史》和《契丹国志》及有关史料对祖州石室均无记载，因此给后人留下了无限的探索和想象空间。目前学界关于祖州石室的作用主要有以下几种观点：

甘州回鹘

甘州回鹘自唐末建立政权，至宋辽时期逐渐发展壮大。甘州回鹘汗国政权存在近200年，前后共传10个可汗。甘州回鹘汗国是游牧的、分散的军事联盟。甘州回鹘汗国与辽朝建立过联系。甘州回鹘汗国地处中西交通的要冲，它不仅和西域各国交换频繁，而且与西方的波斯、天竺、大秦都有间接或直接的商业交往。甘州回鹘进入河西走廊后，逐渐学会了农耕，进入了半农半牧的生产方式，其生活方式也从游牧逐渐走上定居。

一是囚室说。持此说者，主要依据是《辽史》中的有关记载。《辽史·世宗本纪》记载，辽世宗于公元947年“秋闰七月，次潢河，太后、李胡整兵拒于横渡，相持数日。用屋质之谋，各罢兵趋上京。既而闻太后、李胡复有异谋，迁于祖州；诛司徒划设及楚补里”。《辽史·列传》中也有相应的记载“太宗崩，世宗即位于镇阳，太后怒，遣李胡以兵逆击。李胡败，太后亲率师遇于潢河之横渡。赖耶律屋质谏，罢兵。迁太后于祖州”。“和约既定，趋上京。会有告李胡与太后谋废立者，徙李胡祖州，禁其出入”。以上史料说得是公元947年辽太宗病逝于从中原回军途中，辽世宗耶律阮在军中即位，而开国太后述律平想立三子耶律李胡为皇帝，于是率兵与孙子耶律阮隔潢河（今赤峰市境内西拉沐沦河）而峙争夺皇权，最后在耶律屋质的斡旋下，双方言和，述律平同意孙子耶律阮为皇帝，但回到上京皇都后，述律平又与三子李胡谋废立皇帝，结果事败被囚于祖州。《辽史·景宗本纪》记载公元980年“六月己亥，喜隐复谋反，囚于祖州”。《辽史·喜隐传》记载“复诱群小谋叛，上命械其手足，筑圜土囚祖州”。这两条史料记载的是李胡之子耶律喜隐多次谋反，被景宗耶律贤囚于祖州。石室为囚室说，即认为石室是关押述律平、耶律李胡或耶律喜隐的场所。

二是阿保机尸体权殡之所说。此说的主要依据是契丹皇帝和皇后死后有权殡习俗，认为《辽史·太祖本纪》中辽太祖“梓宫至皇都，权殡于子城西北”之子城，应是指祖州子城，石室正位于祖州内城西北角，由此认为石室即是权殡太祖尸体之场所。

三是祭祀说。认为石室是迭剌部耶律氏为祭祀祖先所建，主要依据是契丹人为鲜卑人之后裔，而鲜卑人有以石室祭祀祖先的习俗。

四是西楼说。持此说者的主要依据可能是《辽史·地理志》祖州条中有“太祖秋猎多于

宝山辽墓壁画《侍仆图》

此，始置西楼”的记载，以为石室即为祖州西楼，或以西楼为迭刺、斡鲁朵之音译。

笔者认为，以上四说虽然都有一定的道理，但尚有商榷的必要。

囚室说的主要依据是《辽史》中有将述律平、耶律李胡、耶律喜隐囚于祖州的明确记载，也就是说，石室是为了囚禁述律平、耶律李胡母子或耶律喜隐所建，从而将石室的建筑时间界定在契丹建国40余年后的公元947年及以后，这首先与祖州的整体建筑布局不符。从《辽史》记载来看，祖州城主要建筑于辽太宗朝，是为了守卫和时祭辽太祖陵所建，因此也被称为辽太祖陵奉陵邑，其整体布局最迟也应当在辽太宗朝完成。而石室所在区域，是祖州内城整体布局之一，即西部区域（祖州内城分为西中东三个区域），这一区域应当与其他区域同时规划建筑，辽太宗不可能特意留出这一区域供以后的皇帝们搞建筑。也就是说，石室最迟也应在辽太宗大规模建筑祖州城时就存在，不是辽世宗为了囚禁祖母（947年）、更不是辽景宗为了囚禁耶律喜隐（980年）所建。其次，与当时的契丹国家国情不符。辽世宗即位皇帝时，契丹国家已经建立整整40年（从阿保机担任契丹可汗的907年算起），监狱、军队等国家制度趋于完备，辽世宗本人又是一个非常推崇汉文化的皇帝，根本没有必要建筑石室这样的囚室来关押祖母或犯人。第三，《契丹国志》及《资治通鉴》均记载，述律平与孙子耶律阮争夺皇权失败后被囚禁于辽太祖墓侧（《契丹国志》）或墓里（《资治通鉴》），这似乎更符合史实。因为，耶律阮打败祖母述律平的同时，还剥夺了她的所有政治、军事、经济基础，述律平根本没有资本再与孙子耶律阮争夺皇权，耶律阮没有必要建筑石室这样的坚固囚室来关押祖母。况且就当时的局势而言，述律平虽然在与孙子耶律阮争夺皇权中失败被囚，但其家族势力仍然很强大，也仍然是契丹诸权贵中的强势家族，耶律阮自然不敢轻易地按照契丹的籍没之法杀掉祖母，或对祖母“太过分”的打压，自然也就没有必要耗费巨大的人力物力财力来建筑石室把祖母囚禁起来，而让祖母为丈夫守陵安度晚年，则是囚禁祖母的最好办法（即述律平及其家族都能接受）。90多年后（1034年），辽兴宗耶律宗真（辽世宗之重孙）从母后萧耨斤手里夺回皇权后，也是采取这一办法，把母后囚于辽圣宗（辽世宗之孙，辽兴宗之父）的庆陵，为丈夫（即辽圣宗耶律隆绪）守陵的。至于石室是辽景宗为了囚禁耶律喜隐所建的说法也很勉强，此说的主要依据

辽代供养人石雕像

宝山辽墓壁画《侍仆图》

是《辽史》中有“筑圜土囚祖州”的记载。在中国古代，“圜土”是监狱的形象称谓，即在地下挖一个圆形的深坑，或在地上围起圆形土墙，以监禁罪犯，防止其逃跑。其实，用圜土来囚禁犯人，主要实行于夏、商、周朝代，随着社会文明程度的提升，以后历代就很少用了。辽景宗用古老的办法，在祖州筑圜土囚禁耶律喜隐，用意十分明显，一是让耶律喜隐在祖州向祖先们忏悔赎罪（不再谋反）；二是也有羞辱其之意。也就是说，石室与圜土不仅形状不符（即一个是方形，一个圆形），而且也不符合当时契丹国家国情（监狱、军队等国家制度已经完备，没有必要用古老的办法来关押犯人）。

阿保机尸体权殡之所说以契丹国帝后死后有权殡习俗为主要依据，进而认为《辽史》关于辽太祖“梓宫至皇都，权殡于子城西北”中的子城，并非皇都子城，应是祖州子城，即石室处。其实，权殡之俗并非古代有之，我国北方包括汉族在内的一些民族现今仍保留有权殡的习俗。究其原因可能有以下几点：一是将逝者权殡一些时日供亲属朋友祭奠或等外地亲人归来；二是逝者的棺材或陵墓没有修建好；三是防止逝者“假死”；四是选择吉日安葬逝者；五是宗教信仰因素等。不论哪种情况，既然是权殡，都是临时性的停尸场所，比较简易，即便是非常富贵的人家，也不可能修建永久性的权殡之所。从《辽史》的记载来看，阿保机尸体权殡一年时间，陵墓修好后即被下葬，说明阿保机尸体权殡一年的主要原因是陵墓没有修好。更主要的是，石室做为阿保机尸体权殡之所不太现实。石室由七块重达几十吨的花岗岩石板拼制而成，经考证这些花岗岩石板采于距离祖州城南70余里的大山中（今巴林左旗后召庙、辽代真寂之寺所在大山），这对于一千多年前运输和建筑技术尚不发达的契丹人来说，运输这样重的石板并将其组建成石室是非常困难的，没有一年或两年的时间恐怕是建不成的。也就是说，如果从阿保机病逝开始建筑石室的话，那么到其下葬的一年时间里，石室恐怕是很难建成的，更不用说用来权殡阿保机的尸体了。

祭祀说以契丹族是东胡鲜卑之后裔，而东胡人有祭山、鲜卑人有以石室祭祀先祖之习俗为依据，认为契丹族也有此习俗。祖州是契丹迭剌部耶律氏家族发源地，祖州石室即为迭剌部人祭祀先祖所建。从史料记载来看，鲜卑人祭祀先祖的

石室，多为天然石洞（或岩洞），或“凿石为祖宗之庙”。而祖州附近有很多大山，既有天然洞穴（辽太祖陵所在之山便有一个天然山洞），亦可凿山为穴。也就是说，契丹人完全可以利用天然山洞或在山上凿洞穴来祭祀先祖，没有必要从70余里外的大山中采石，再耗费巨大人力物力运到祖州处建成石室来祭祀先祖。另外，契丹人把木叶山奉为祖山、圣山，加以时祭，而从史料记载来看，木叶山上并无天然洞穴或石室之类的人工建筑，而是“上建契丹始祖庙，奇首可汗在南庙，可敦在北庙，绘塑二圣并八子神像”。这也从一个侧面说明，契丹人祭山祭祖，并非需要石洞或石室之类的建筑。

西楼说一是以《辽史》中有“太祖秋猎多于此，始置西楼。后因建城，号祖州”的记载，从而推断石室为西楼，但并没有说明石室的作用；二是认为“西楼”一语是斡鲁朵或“迭剌”的音译（此说否定阿保机西楼的存在），而祖州是迭剌部耶律氏家族的祖居地（即迭剌部的斡鲁朵），因此认为石室就是西楼。很显然，以上两种观点都缺乏令人信服的依据。

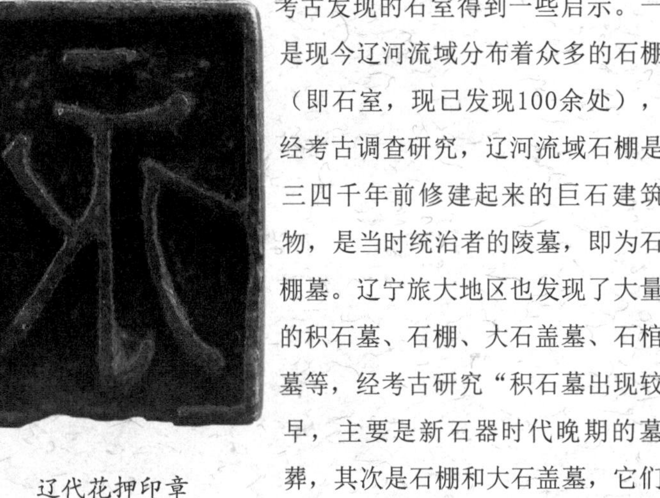

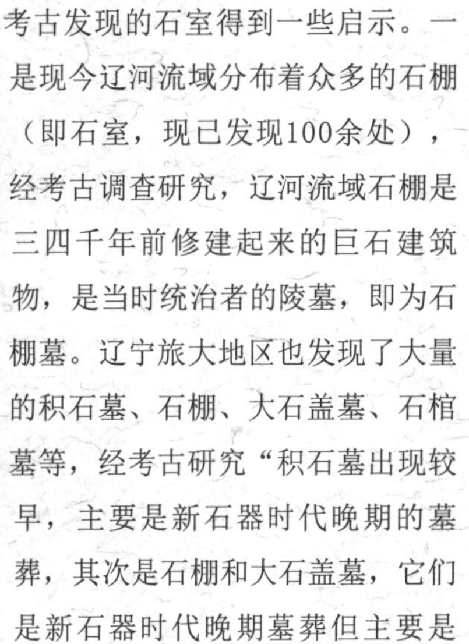

辽代花押印章

辽代帽子

（二）石室与石椁墓

关于祖州石室的作用，我们可以从其他地区考古发现的石室得到一些启示。一是现今辽河流域分布着众多的石棚（即石室，现已发现100余处），经考古调查研究，辽河流域石棚是三四千年前修建起来的巨石建筑物，是当时统治者的陵墓，即为石棚墓。辽宁旅大地区也发现了大量的积石墓、石棚、大石盖墓、石棺墓等，经考古研究“积石墓出现较早，主要是新石器时代晚期的墓葬，其次是石棚和大石盖墓，它们是新石器时代晚期墓葬但主要是集中于青铜时代，而石棺墓的时代要晚，它主要是春秋战国时期的墓葬形制”。“石棚可能是坐落在遗址上”（《东北考古与历史》1982年第1期）。辽河流域石棚墓的发现，说明我国东北古代先民有以石棚为陵墓的葬俗，且石棚墓建在遗址旁或遗址内。

大约与辽河流域石棚墓处于同一时期的东胡民族，主要分布于以今赤峰市为中心的西辽河上游，从赤峰地区发现的东胡人墓葬来看，东胡人“墓穴以自然石块垒砌，顶部铺盖大石板，是北方同时期中习见的‘石板墓’或‘石棺墓’构筑类型”（《赤峰历史与考古文集》）。也就是说，赤峰市地区的东胡墓与辽河流域的石棚墓、石板墓等有相同或相似之处。契丹族是东胡族后

辽代白釉铁花执壶

辽代白釉印花盘

裔，自然要沿袭东胡族的一些习俗，这其中就包括葬俗。如赤峰市敖汉旗周家地早期墓葬中发现的石椁墓和“覆面”（夏家店上层文化），经考证即为东胡族系葬俗，而契丹人也有石（或木）棺、石椁墓和“覆面”的葬俗，经研究考证，两者有沿袭关系。

在赤峰市巴林右旗辽怀陵墓葬区及赤峰市阿鲁科尔沁旗宝山辽墓中都发现有与祖州石室相似的石室。巴林右旗辽怀陵葬有辽太宗和辽穆宗父子，发现石室的墓葬因没有发现墓志等有关文字记载，从而没有确定墓葬主人身份及安葬年代，但经考古研究肯定是辽代墓葬，即契丹建国后的墓葬。因该墓葬位于辽皇陵——怀陵葬区内，因此也有辽史研究者认为是辽穆宗的陪葬墓。可以肯定的是，该墓葬是辽墓，或是辽穆宗的陵墓，或是祔葬墓，或是陪葬墓，是典型的石椁墓，其石室造型及风格与祖州城内石室相似。阿鲁科尔沁旗宝山辽墓是一处辽墓群，已发现10余座辽墓，考古人员发掘了1、2号两处墓葬，1号墓葬墓主人是葬于天赞二年即923年的“大少君次子勤德”，2号墓墓主人是一位女性，下葬时间与1号墓墓主人差不多，1、2号墓内均有与祖州石室相似的石室，也是典型的石椁墓。

巴林右旗和阿鲁科尔沁旗三座辽代石椁墓，说明契丹民族或辽代初期有石椁墓的葬俗，而这种石椁墓与辽河流域的石棚墓、石板墓及赤峰地区东胡族的石棺墓有相似之处，其实质是一种我国古代石板墓或石椁墓、石棚墓的构筑类型。由此推断，祖州石室很有可能也是一座石椁墓，且由于其位于祖州城内，因此应是辽太祖阿保机直系祖先的墓葬。

（三）辽德陵

《辽史·太宗本纪》载“葬太皇太后于德陵。”《辽史·后妃传》载“德祖宣简皇后萧氏，小字严母斤……天显八年崩，祔德陵。”太皇太后即德祖宣简皇后萧氏，是辽太祖阿保机的母亲；德陵，即辽太祖阿保机父亲撒剌的的陵墓。辽德陵并非撒剌的安葬时就有的陵名，而是追谥的陵名。辽重熙二十一年（1052年），辽兴宗耶律宗真按照中原帝王追谥祖先惯例，追谥六世祖即阿保机父亲撒剌的为宣简皇帝，庙号德祖，其陵墓被称为德陵。辽德陵在《辽史》中只上述两见，具体位置不详，笔者认为，祖州石室便是辽德陵。

首先，辽祖州所在的天梯山（即辽代祖山主峰之一）地区是迭剌部耶律氏家族的祖籍地，辽德祖及其三世祖先都出生在这里，从目前出土的契丹贵族墓志来看，契丹人有死后归葬祖籍地的葬俗，因此辽德祖死后应当葬在祖山附近。从目前考古勘查来看，祖山附近只有祖州城和祖陵两处祭祀场所，没有发现其他大型陵墓或祭祀场所，辽德祖早于太祖而逝，《辽史》并没有记载太祖祔葬于德陵，因此辽德陵不可能建在太祖陵园内，最大的可能是建在祖州城内，而祖州城内石室与石椁墓相似，极有可能就是辽德陵。

其次，根据《辽史》记载结合祖州所在祖山附近实地考古勘查，祖陵位于祖山袋状山谷，“太祖陵凿山为殿，曰明殿”。葬有辽太祖及开国皇后述律平，是一处独立的墓葬单元，即便有其他墓葬也是祖陵的陪葬墓（详见辽祖陵）；祖州城位于祖山南面缓坡上，距离祖陵约二公里，是祖陵的奉陵邑，是专门为守卫和祭祀祖陵而建，分为内外两城。内城分为东中西三个区域，中间区域按中轴线配置建有“二仪”、“两明”、“黑龙”、“清秘”四殿，西部区域是一个封闭单元，只有石室一处建筑，有一门与中间区域相通，这五处建筑是祖州城内主要祭祀场所，除石室之外，其他四处祭祀场所《辽史》均

辽木板浮雕人物像（巴林右旗耶律弘本墓出土）

有明确记载，即二仪殿是祭祀太祖阿保机的场所，清秘和黑龙两殿是二仪殿的配殿，两明殿是祭祀辽太祖父亲即辽德祖的场所，只有石室《辽史》只字未提。

根据有关辽帝陵研究资料，辽帝陵沿袭汉唐帝陵制度，有上宫和下宫两处祭祀场所。上宫（宗庙）建于辽帝陵前，如祖陵的“明殿”、怀陵的“崇元殿”、“凤凰殿”、显、乾二陵的“凝神殿”、庆陵的“望仙殿”、“望圣殿”、“神仪殿”均为辽帝陵上宫，是上陵时举行礼仪性祭典的场所；下宫（寝宫）距离帝陵稍远，供奉皇帝“御容”像、衣冠，一般位于奉陵邑的内城。

《辽史·地理志》祖州条载祖州“西北隅有内城。殿曰两明，奉安祖考御容；曰二仪，以白金铸太祖像；曰黑龙，曰清秘，各有太祖微时兵仗器物及服御皮毳之类，存之以示后嗣，使勿忘本”。其中的“二仪”、“黑龙”、“清秘”三殿便是祖陵下宫所在。

两明殿“奉安祖考御容”，这里的“祖考”即辽德祖，说明两明殿是祭祀辽德祖的场所，即辽德陵的“上宫”或“下宫”所在，应位于辽德

陵旁或不远处，祖州附近除祖陵和祖州城内石室及“两明”、“二仪”等四殿而外，没有发现其他大型陵墓或祭祀场所，而石室与巴林右旗和阿鲁科尔沁旗两地三座辽墓中的石室酷似，由此推断石室应是辽德祖的石椁墓，即辽德陵，两明殿则是辽德陵的下宫（亦称享殿）。

第三，石室所在区域，是祖州城内一个独立封闭区域，只有石室一座建筑，只有一门与中间区域（即二仪殿和两明殿所在区域）相通，说明石室是一座特殊祭祀建筑物；从石室附近有砖瓦残块及石室透风露雨来分析，石室原来是在一座建筑物内，很像一座石椁墓。独立封闭区域，石椁墓式建筑，说明石室有可能是阿保机某一祖先的陵墓或祭祀址。从《辽史》记载来看，阿保机四世先祖中，只有父亲撒剌的有陵墓，即辽德陵，因此石室应是辽德陵，即阿保机父亲撒剌的的石椁墓。

第四，从《辽史》记载来看，德陵一名只在太宗本纪和后妃传中各一见，没有辽廷诸帝祭祀德陵的记载，这与常理不符。辽德祖是辽太祖父亲，是辽廷诸帝最直近的祖先，辽廷诸帝不可能不对其陵墓加以祭祀，那么《辽史》中为什么没有辽廷诸帝祭祀德陵的记载呢？其中的原因有可能就是德陵在祖州内。也就是说，辽廷诸帝到祖州祭祀太祖（庙、陵）和德祖（即德陵）是同时进行的，因而没有单独祭祀德陵的记载。如同辽帝祭祀庆陵一样，因辽圣宗的永庆陵、辽兴宗的永兴陵、辽道宗的永福陵三座帝陵建在一起统称为庆陵，因此《辽史》记载辽帝祭祀三陵或某一帝陵时统称为“谒庆陵”，而没有单独记载祭祀某某陵或先祭祀某陵再祭祀某陵等。如上文所述，辽德陵不可能建在太祖陵园内，只有在祖州城内才能与太祖同祭，而祖州城的五处建筑场所，只有石室最符合辽德陵的条件。

辽代供养人石雕像

辽代契丹大字永宁郡主墓志

第五，根据《辽史》记载，阿保机的母亲萧岩母斤病逝于辽天显八年（933年）11月，天显九年2月“葬太皇太后（即阿保机母亲萧岩母斤）于德陵。前二日，发丧于菆涂殿，上具哀服以送”。菆涂殿是辽帝后病逝下葬前的权殡之所，从《辽史》记

辽代石雕像

载来看，辽代帝后的权殡之所一般都在陵墓旁边或不远处，但阿保机母亲的权殡之所却距离德陵有两天的路程，究其原因可能有二，一是阿保机的母亲病逝于皇都城内，距离德陵只有两天的路程，没有必要权殡在德陵旁；二是德陵在祖州城内，即石室，因石室旁建有“二仪”等太祖阿保机的祭祀殿堂，不宜权殡“太皇太后”尸骨，即母亲的尸骨不宜权殡在有儿子“御容”的祭祀场所，因此没有权殡在德陵旁。

综合以上五点，笔者以为，祖州石室即为辽德陵——辽太祖父亲撒剌的之石椁墓。

辽代佛座像残石刻

（四）辽德祖石椁墓（即石室）建筑时间

《辽史·本纪》从公元901年开始纪年，没有记载辽德祖死亡一事，由此可知辽德祖应死于是年之前。从《辽史》记载来看，辽德祖生活时代中原的土葬习俗已经进入契丹社会，因此辽德祖死后实行土葬立有坟墓，但其石椁墓，即祖州石室不一定是当时所建，建于901年至908年之间的可能性比较大，具体时间当在903年，即阿保机担任于越总知军国事之后。

经专家考证，祖州石室石板，是从距离祖州南70余里的哈布其山中采掘，每块都重达几十吨，这对于一千多年前运输和建筑技术尚不发达的契丹人来说，从这么远的距离、运输这么重的物体再建筑成室，显然是一件很不容易的事情，没有一年半载或更长的时间及相当的人力物力是很难完成的。

辽德祖死时阿保机还没有担任迭剌部首领，顶多也就是官至挞马狘沙里，不过是一个管理数人的小官，抑或是部落首领的卫队长，生活区域也只限于祖州之地，是没有能力为父亲建筑石室这样的巨大陵墓的。阿保机于901年担任迭剌部夷离堇之后，因忙于东征西讨和在联盟中获取更多的政治资本，也是不可能立刻就为父亲修建石椁墓的。公元903年，阿保机因功被拜为于越总知军国事，权势凌驾于可汗之上，开始考虑取遥辇氏而代之的问题，也开始考虑把契丹汗国的政治中心从潢河（今赤峰市境内西拉沐沦河）与土河（今赤峰市境内老哈河）合流处的“龙庭”西迁到祖州地域的问题。由于祖州所在地域相对于狼河（今巴林左旗乌力吉沐沦河）与沙河（今巴林左旗沙里河）交汇地域要狭窄的多，因此阿保机走出祖州之地，在狼河与沙河合流地带（即辽上京遗址处）建筑龙眉宫作为自己的政治大本营。但阿保机在建筑龙眉宫打造新的政治中心的同时，也没有忘记祖州这个根本之地，于是在祖州之地为父亲修建了石室这座巨大的石椁墓。同时仿效中原皇帝葬俗，在石室旁边又修建了仿中原楼阁式建筑的享殿——两明殿。

辽墓出土武士像

阿保机在祖州之地为父亲修建巨大石椁墓，不仅仅是“光宗耀祖”，而是有着深刻的政治用意。首先，利用契丹族原始的萨满教，通过祖先崇拜，提高家支地位，树立个人威信，为夺取和执掌契丹汗权造势。祖先崇拜是古代萨满教的重要内容，也是树立个人威信的重要手段，阿保机自然也不例外，也是要在这方面大做文章的。不过，阿保机并没有选择契丹族始祖和迭剌部耶律氏始祖加以祭祀，而是选择了自己的父亲。究其原因应与当时的形势有关系：一是永州木叶山已经建有奇首可汗庙，是契丹可汗及部落首领祭祀始祖的场所，阿保机再在自己家支祖籍地祖山建奇首可汗祭祀场所，显然是不合时宜，会引起遥辇氏汗族及其他部落首领的不满和反对，对夺取汗权不利；二是当时阿保机家支在耶律氏家族

辽代群牧制度

契丹统治者很重视畜牧业，这不仅因为关系到部落的衣食，而且也直接影响到国家军队的质量。因为辽代军队主要是骑兵，马匹的多少是决定军力强弱的重要因素。因此，辽朝专设有管理国家群牧的机构和官职。早在辽太祖阿保机担任迭剌部夷离堇时，就有了群牧的组织。所谓的群牧，就是选择最好的草原所建立的国有牧场，由政府设官统一管理。契丹建国以后，还从本族以外各族中掠夺了大量牲畜，编入群牧。

中并非强势家支，祖山祖州之地只是阿保机家支领地，并非迭剌部耶律氏家族的统治中心，在这里建筑耶律氏始祖祭祀场所，自然也要引起耶律氏强势家支的不满，不利于耶律氏家族团结，从而影响夺取汗权大计。阿保机的父亲已经葬于祖山祖州之地，在这里为父亲修建陵墓，则合情合理，即便陵墓再豪华再气势，也不会引起遥辇氏汗族及诸部落首领和耶律氏强势家支的不满，从而达到祭祀祖先以提高家支地位的目的。其次，仿效汉唐帝陵制度为父亲修建陵墓，是阿保机向往中原封建帝制、“化家为国”思想的反映。阿保机为父亲修建石椁墓时还没有担任契丹可汗，而他却仿效中原帝陵制度为父亲修建陵墓，表明阿保机深受中原文化影响，不仅仅要取遥辇氏而代之，而且要仿效中原帝制建立契丹国家。

（五）辽德陵功能演变

《辽史·地理志》祖州条载“祖州……太祖秋猎多于此，始置西楼”。现今的祖州石室附近仍遗存有砖瓦碎片，说明辽代时的祖州石室并不是孤零零地裸露于地表，而是在一座建筑物之内，这座建筑物或为中原式建筑或为楼阁式建筑，正是因为此故，祖州之地被称为西楼。

阿保机担任契丹可汗的第二年（908年），在龙眉宫处修建明王楼，西楼以祖州之地为主逐渐演变为以龙眉宫和明王楼所在之地（即西楼皇都）为主，祖州之地的性质也由原来阿保机家族驻牧地及阿保机早期政治活动中心变成了其父撒剌的陵园。

《辽史·太祖本纪》记载辽神册六年（公元921年）“府中数请择任宗室，上以旧制不可辄变，请不已，乃告于宗庙而后授予之。宗室为南府宰相自此始”。此段文字是关于辽太祖任命六弟耶律苏为南府宰相的记录。根据契丹旧制，南府宰相是由乙室部人担任，诸弟叛乱期间（911年至913年），南宰相府官员及乙室部显贵多牵涉其中而遭祸，南府宰相一职暂由楮特部人兼任。在此后的几年间，楮特部多次请求任用耶律氏皇族人来担任此职。辽太祖认为旧制不能轻易改动，于是先请示宗庙，在得到祖宗的同意后才任命六弟耶律苏为南府宰相。辽太祖所请示的宗庙，

辽人鱼纹骨灰匣（巴林左旗出土）

《辽史》中没有明确记载，应当就是指辽德陵（祖州石室）。由此可知，辽德陵逐渐演变成为辽廷诸帝专门祭祀祖先的场所，具有德陵和耶律氏皇族宗庙的双重职能。

（六）辽德陵不被外界所知的原因

辽德陵是祖州城内重要建筑，是辽王朝重要的祭祀场所，而《辽史》、《契丹国志》对此却记载不详，究其原因可能有如下几点：一是契丹建国初期已经开始实行土葬习俗，而石椁墓在契丹贵族当中很流行，辽德陵（即祖州石室）便是其中之一，不值得史书特殊着笔。二是辽德祖是辽兴宗朝所追谥的庙号，在此之前并没有辽德陵名称。《辽史·太祖本纪》载太祖神册六年（921年）曾“告于宗庙”，此“宗庙”有可能就是辽德陵。也就是说，辽德陵是以“宗庙”之名载于《辽史》的。三是辽德陵位于祖州内城独立封闭区域，外界人很少见到，辽帝们祭祀太祖与德祖是同时进行的，没有单独祭祀德陵的记载，

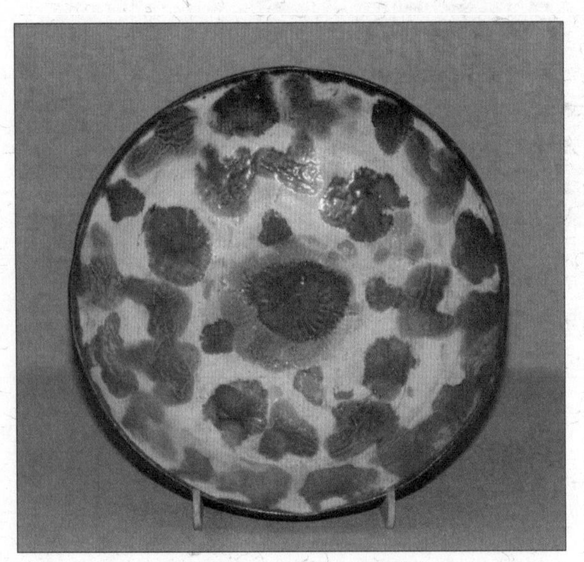

辽三彩碟（巴林左旗出土）

辽代马具铜铃

因此不为史料所载。四是与契丹人原始的萨满祭祀习俗有关。根据《契丹国志》等史料记载，契丹贵族传统的萨满祭祀仪式是不允许一般人和外族人参与的，“凡受册，积柴升其上，大会蕃夷其下，已，乃燔柴告天，而汉人不得预”。胡峤《陷北记》记载辽世宗祭祀辽太宗陵的过程是“兀欲（即辽世宗）入祭，诸部大人惟执祭器者得入，入而门合。明日开门，曰‘抛盏’，礼毕。问其礼，皆秘不肯言”。由此可知，契丹族原始的萨满祭祀习俗，如祭祀祖先等仪式一般人不得参与。辽德陵位于祖州内城单独封闭区域，只有辽廷皇帝或其直系子孙才能祭祀，其他包括辽廷显贵及臣僚“不得预”，加之“契丹书禁甚严，传入中国者法皆死”（《梦溪笔谈》），造成了《辽史》、《契丹国志》及有关史料对辽德陵记载不详，从而给辽德陵即祖州石室蒙上了神秘的色彩。

二、辽太祖陵

辽太祖陵位于辽上京城遗址西南30余公里的辽祖州西侧山谷中。契丹辽王朝九帝，共建有五

辽太祖陵

辽武安州（辽太祖所建）佛塔（位于敖汉旗白塔子村）

座皇陵，即祖陵，葬有辽太祖阿保机及开国皇后述律平夫妻，辽太祖于辽天显二年（927年）8月葬于祖陵，述律平于辽应历三年（953年）11月祔葬于祖陵；怀陵（位于巴林右旗境内），葬有辽太宗耶律德光和辽穆宗耶律璟父子，辽太宗于辽大同元年（947年）9月葬于怀陵，辽穆宗于辽应历十九年（969年）2月被害后，祔葬于怀陵侧；庆陵（巴林右旗境内），葬有辽圣宗耶律隆绪、辽兴宗耶律宗真、辽道宗耶律洪基祖孙三人，辽圣宗于辽景福元年（1031年）11月葬于永安山（后改为庆云山）南麓，曰永庆陵（东陵），辽兴宗于辽清宁元年（1055年）11月祔葬于永庆陵西侧，曰永兴陵（中陵），辽道宗于辽乾统元年（1101年）6月祔葬于永兴陵西侧，曰永福陵（西陵），三陵统称为庆陵；显陵（辽宁省北镇市医巫闾山中），葬有让国皇帝耶律倍及辽世宗耶律阮父子，耶律倍于辽天显十一年（936年）11月被后唐皇帝李从珂所杀，第二年（937年）葬于医巫闾山，曰显陵，辽世宗于辽应历元年（951年）9月被杀害后，祔葬于其父显陵侧，仍曰显陵；乾陵（辽宁省北镇医巫闾山中），葬有辽景宗耶律贤、承天皇太后萧燕燕夫妻和辽天祚帝耶律延禧三人（韩德让葬于乾陵侧），辽景宗于辽统和元年（983年）2月葬于乾陵，萧燕燕于辽统和二十八年（1010年）4月祔葬于乾陵，辽天祚帝于金皇统五年（1144年）迁葬于乾陵侧。

公元926年7月辽太祖病逝于扶余城（今吉林省农安）外行宫，9月太祖灵柩运回西楼皇都，权殡于皇都子城西北隅，由汉臣康默记主持修建太祖陵，历时一年完工，927年8月葬太祖于祖陵；辽应历三年（953年）6月述律平病逝，11月祔葬于祖陵。

辽代马镫

关于祖陵，《辽史》有这样的记载，“太祖陵凿山为殿，曰明殿。殿南岭有膳堂，以备时祭。门曰黑龙。东偏有圣踪殿，立碑述太祖游猎之事。殿东有楼，立碑纪太祖创业之功。皆在州西五里。”

通过对辽祖州、祖陵考古勘查来看，与《辽史》记载基本一致。从祖陵奉陵邑祖州北门兴国门出祖州城，过一深沟（似为辽代祖州护城河）西北行，沿山间小道登上一座小山，山顶现存有一具无首石龟趺，这里便是一座辽代建筑基址。

辽代“清宁通宝”铜币

辽代白釉盘

辽代绿釉陶勋

根据考古资料，石龟趺所在的“建筑基址坐北朝南，土木结构建筑，东西长13.53米，南北宽9.83米；中心建筑为面阔3间，四面为土墙，仅南侧有一门，门宽约4米；四周土墙内外均涂白灰面，建筑内外地面铺有方砖。石龟趺居于建筑基址中央，下有一个方形基座，龟趺残长2.8米，高1.06米”（详见《辽上京城和祖陵陵园考古发现与研究》）。石龟趺背上有一深槽，说明这是一具石碑龟趺。从石龟趺基址四周捡拾到的石碑碎片来看，碑文用契丹大字和汉字两种文字撰写，汉字碑文有“天赞五年”、“升天皇帝”、“李胡王子”等字样，说明此碑应是“殿东有楼，立碑纪太祖创业之功”的辽太祖纪功碑无疑。从石龟趺所在小山西行，再登上一座略小一点的山包，上面也有建筑遗址，此当是祖陵黑龙门外“东偏有圣踪殿，立碑述太祖游猎之事”的圣踪殿无疑。此山包西侧山脚，便是祖陵山门——黑

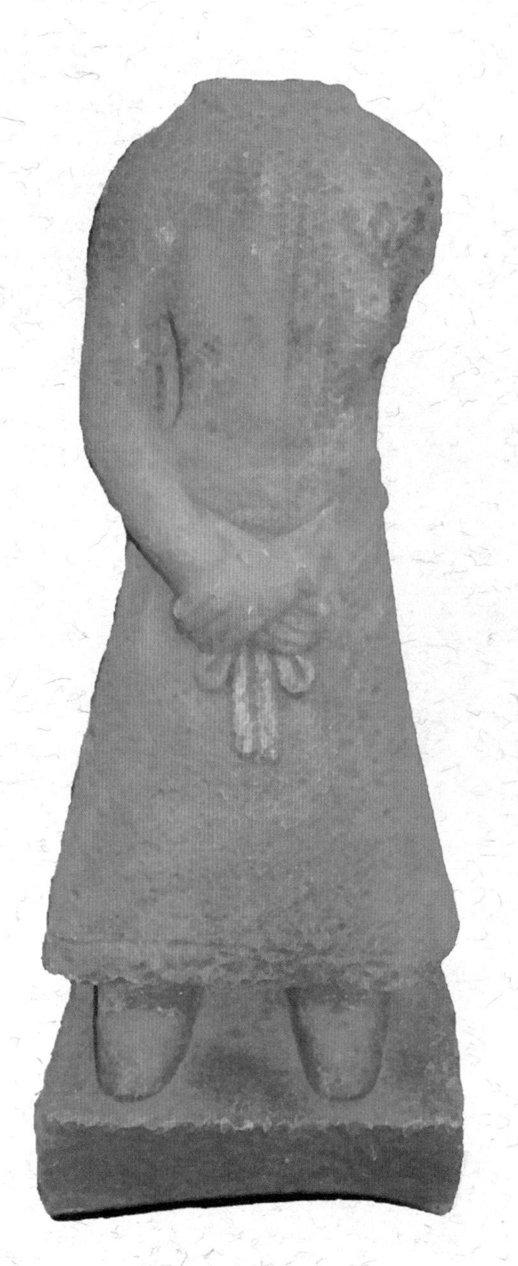

辽太祖陵石像生

龙门。

辽祖陵所在山谷，三面环山，只有南面有一谷口，宽60米，此即为祖陵山门。山门东侧是高耸入云的天然黑色石砬子，西侧是危崖耸峙的黑色磐石，祖陵“门曰黑龙”，当与这两个黑色石砬子有关。“黑龙门”的门址建筑今已无存，但残墙还在，并有柱础、御道石板、鸱吻、残砖断瓦及石造建筑构件散布于草丛中。

由黑龙门而入，便是辽祖陵陵园，这是一个三面环山，周长为18公里的袋状山谷。《辽史·地理志》记载祖州“有祖山，山有太祖天皇帝庙，御靴尚存。又有龙门（即黑龙门）、黎谷、液山、液泉、白马、独石、天梯之山。水则南沙河、西液泉”。其中，除白马山为祖陵黑龙门所对之山——今称之为漫歧嘎山，沙河为祖州城遗址南约12公里处河流——今称之为沙里河或白音高洛河（辽代亦称潢水、沙水，见前文）而外，其余山峰即为三面环山之中的山峰，黎谷即为祖陵所在山谷，液泉于黎谷谷底发源流经全谷自黑龙门流出入沙河（辽祖陵所在山谷，蒙语名称为“依何布拉格”，意为大泉子沟，即因液泉河而得名）。三面环山的山脊所有的山豁、隘口处皆由人工石砌墙堵塞，从而将整座陵园密封成一个独立的地理单元。

自黑龙门往里走1公里处，有一处建筑遗址，地表存有多块大小不一的柱础。根据考古资料，

辽太祖陵出土石犬

海上之盟

北宋和金国订立的联合攻辽盟约 。因为双方使节因辽朝的阻隔，都由海上往返谈判，故名“海上之盟”。宋徽宗政和五年（1115 年），女真首领阿骨打建立金。随后屡败辽兵。宋徽宗等认为辽有必亡之势，决定联金攻辽，乘机收复燕云。宋金双方商定：各按商定的进军路线攻打辽朝，金军攻取辽的中京大定府，宋军攻取辽的南京析津府和西京大同府。宋答应灭辽后，将原来输给辽的岁币转输给金；金则答应将燕云还于宋；双方均不得单独与辽讲和。结果宋攻辽失败，遂要求金军攻辽南京，金军取胜。双方几经交涉，宋允 30 万匹绢、20 万两银给金，并纳燕京租税 100 万贯，金才答应交还燕云六州及燕京。金军将燕京城内财物和人口掳掠一空而去，宋接收的只是一座残破不堪的空城，改燕京为燕山府。

辽代牛腿瓶

辽太祖契丹大字纪功碑残块拓片

辽太祖陵内陪葬墓出土鎏金双凤银饰件

这是辽祖陵内最为重要的建筑基址，从发掘的西侧和北侧两个建筑基址的情况看，出土了石人像、剪刀、马蹬、铁刀等辽代文物，当是与祭祀有关的陵寝建筑。也有人认为，此处遗址便是《辽史》中提到的“太祖天皇帝庙”址。以此遗址为点，与东西两侧山脊上的石墙大体上组成一个分界线，将祖陵分为内外两个陵区。山谷南部为外陵区，是陪葬墓区域，已发掘了一座陪葬墓，此陪葬墓与太祖陵仅一岭之隔，凿山为陵，由墓道、甬道、前室、中室、后室和两个耳室组成，出土了“开元通宝”鎏金铜币、青釉双凤盘、白釉大盆等文物，墓主人身份目前尚未确定。

太祖陵位于山谷北部的内陵区，距离所谓的

"太祖天皇帝庙"址西北方向不远，从现地表来看，祖陵前半部为土石混合的二次堆积，而后半部则为自然的山体，其南侧的山岭上发现有三处东西向的建筑基址，与《辽史》"太祖陵凿山为殿，曰明殿。殿南岭有膳堂，以备时祭"的记载相符。祖陵附近出土了2个石翁仲和1个石犬，初步确定了祖陵的神道位置。

目前对辽祖陵还只是进行了初步发掘，具体情况我们还不甚了解。不过，辽祖陵是契丹大辽王朝的第一座皇陵，里面安葬着契丹大辽王朝的开国皇帝和开国皇后，又经过大辽王朝统治者们200余年经营，肯定是非常壮观的，陪葬品肯定也是非常奢侈的。从早于祖陵三年而建的阿鲁科尔沁旗境内宝山1、2号辽墓和晚于祖陵15年而建的耶律羽之墓的形制和陪葬情况来看，契丹建国初期的贵族葬俗中便已经融入了中原文化元素。如宝山1、2号辽墓壁画面积达150平方米，表现各类人物达46人，并绘有《杨贵妃教鹦鹉图》等；耶律羽之墓陪葬品中有彩车，就其性质而言与中原地区的车马坑殉葬习俗无异。辽祖陵的建筑及殉葬等情况，肯定要比以上辽墓豪华壮观得多。

辽祖陵豪华壮观到什么程度，我们还要等待考古发掘结果。不过，从史籍记载来看，至少有三大历史事件，希望通过祖陵考古发掘能够发现一些线索。

一是开国皇后述律平断腕事件。根据《契丹国志》、《资治通鉴》等史籍资料记载，辽祖陵不仅仅埋葬着辽太祖阿保机和开国皇后述律平夫妻，还埋葬着契丹建国初期一个重大政治事件。

前文"断腕楼"等节已经提到，辽太祖病逝后，述律平为了让次子耶律德光继承皇位，曾以陪葬为借口，诛杀了百余名反对者，这些被杀掉的酋长、大臣们的尸骨，应当就埋葬在祖陵内，或祖陵侧或陪葬区（即外陵区），而述律平的右手也应当在辽太祖棺材中；不过，《辽史》对这次事件却讳莫如深，只是提到了述律平断腕陪葬、建断腕楼之事，历史上是否确有其事，述律平到底杀了多少大臣，包括康默记、韩知古是否被杀，我们期待着通过辽祖陵发掘能够发现一些线索。

二是祖陵遭洗劫事件。根据《契丹国志》、《资治通鉴》等史籍记载，金兵攻陷上京后，对祖州、祖陵等地进行了疯狂的洗劫，"金人攻陷上京路，祖州则太祖之天膳堂，怀州则太宗德光之崇元殿，庆州则望仙、望圣、神仪三殿，并先破乾、显等州如凝神殿、安元圣母殿……焚烧略

辽墓壁画《牡丹图》（敖汉旗出土）

尽，发掘金银珠玉”。也就是说，金兵攻陷上京后，不仅对祖州祖陵的地上建筑焚烧殆尽，而且还四处挖掘，疯狂抢掠财宝，祖陵到底被洗劫到什么程度，也只有等祖陵发掘后才能知道。

三是“扶余之变”事件。《辽史·太祖本纪》在称赞辽太祖功德时说道，“周公诛管、蔡，人未有能非之者。剌葛、安端之乱，太祖既代其死而复用之，非人君之度乎？旧史扶余之变，亦异矣夫！”这里所提到的“扶余之变”，主要是指阿保机病逝前后，他的三个弟弟迭剌（被刺身亡）、寅底石（被述律平所杀）、苏（死于返回皇都途中）在数日内相继身亡事件。从上述史料来看，旧史可能有三兄弟之死与阿保机有关系的记载，而《辽史》编者对此提出了异议。诸弟之死是否与阿保机有关系，我们也期待着通过祖陵发掘能够发现一些线索。

辽代铜符

另外，契丹建国初期的一些重大事件及目前学界对《辽史》的一些疑问也需要求解于辽祖陵。如辽德陵地点（如果阿保机墓葬也是石椁墓，则为祖州石室是辽德陵提供了又一佐证）、木叶山地望（根据中原史籍记载，阿保机死后葬于木叶山）、祖州石室的建筑及作用、述律平的族属（目前学界关于述律平的族属有三种观点：回鹘族说、契丹族说、汉族说）、述律平废掉长子耶律倍而立次子耶律德光的真实原因（目前学界对

辽太祖陵内陪葬墓

辽太祖陵内天皇帝庙遗址发掘现场

述律平废长而立次的原因众说纷纭，包括辽太祖遗嘱说、述律平钟爱次子说、述律平借机清除政敌说等）、述律平与孙子辽世宗争夺皇权被囚的过程等等，这些问题我们也期望能够通过祖陵的发掘得到一些线索。

元昊称臣

西夏建国以前，为了应对来自宋朝的军事压力，因此一直与辽保持着友好的关系。元昊为了巩固夏、辽关系，曾多次向辽请婚。公元1031年，辽兴宗将宗室女封为兴平公主，嫁给元昊。西夏和辽国多次联合用兵宋朝，后因战利品分配不均等问题，双方关系恶化。西夏在建国初期，与宋、辽连续进行了几次大型战役，在军事上取得了重大的胜利，在政治上也争得了与宋、辽平等的地位。后来尽管西夏在形式上仍须向宋、辽称臣纳贡，但实际上却完全成为中国西北地区的一个军事强国，形成了宋、辽、夏三朝鼎立的局势。

辽代石雕像

辽代古塔

朝阳的辽代古井

三、韩匡嗣家族墓

韩匡嗣家族墓位于辽上京遗址西北100余公里的白音罕山（辽代渠劣山，巴林左旗白音诺尔镇境内）阳坡的台地上，目前发现有西沟和北沟两个墓区，从北沟区发掘的韩匡嗣夫妻合葬墓得知，这里是玉田韩氏家族中韩匡嗣家支的家族墓地。

韩匡嗣家族墓地于1994、1995年间发现被盗，经当地公安部门追缴和文物考古部门发掘，

辽太祖纪功碑建筑发掘基址

已经出土有《韩匡嗣墓志铭》、《韩匡嗣妻秦国太夫人萧氏墓志》、《韩德昌墓志铭》、《韩德威墓志铭》、《耶律隆祐墓志铭》、《耶律遂忠墓志铭》、《耶律敌烈妻萧乌卢本墓志铭》、《耶律元佐墓志铭》、《耶律宗福墓志铭》、《耶律高十墓志铭》、《耶律敌烈墓志铭》等11方墓志。其中，《耶律高十墓志铭》、《耶律敌烈墓志铭》为契丹小字。在一个地区集中出土一朝一族这么多墓志颇为罕见。

韩匡嗣家族墓的发现，对研究玉田韩氏家族、辽王朝历史都具有重大的意义。

首先，韩匡嗣家族墓地11方墓志（以下简称《韩志》）的出土，填补了《辽史》有关玉田韩氏家族史料之不足。

《辽史》只记载了玉田韩氏家族6代人在辽朝的有关情况，而《韩志》记录到8代人，多出了2代人；《辽史》记载韩知古只有1子韩匡嗣，韩匡嗣有5子，《韩志》则记录韩知古有11子，韩匡嗣有9子，分别多出了10人和4人；《辽史》只为玉田韩氏家族6代人中

辽代十二生肖花胜钱

辽银覆面（敖汉旗出土）

韩匡嗣墓

辽韩匡嗣墓家族墓所在白音罕山

的5人立传，提及17人，韩匡嗣墓地约有近200余座墓穴，《韩志》便记录了玉田韩氏家族8代数十人在辽廷为官的情况；《辽史》只记载韩德让被赐予国姓耶律氏，《韩志》则反映了韩匡嗣家族自韩德让之后均以耶律氏诸姓；《辽史》只记载了韩德让及其外甥女齐天皇后萧菩萨哥与耶律氏皇族通婚的情况，《韩志》则记录了韩匡嗣家族与耶律氏皇族、萧氏后族、汉族世家大族等通婚情况。

其次，《韩志》填补了《辽史》有关史料之不足。《韩志》所记录的玉田韩氏家族人在辽廷为官的一些官职，《辽史》中不载，可补其不足；《韩志》所记录的一些事件，《辽史》或记载有误或不记，可相互补正。

第三，《韩志》是识读契丹文字的珍贵资

辽代金碗

辽韩匡嗣私城——全州城残垣，位于今巴林左旗境内

料。出土的11方《韩志》中，有2方是契丹小字墓志，由于玉田韩氏家族的族系、人名、有关人员的官职是不变的，因此对照汉字墓志，有利于对契丹小字的解读。

第四，韩匡嗣家族墓是研究契丹大辽王朝民族同化问题的重要资料。契丹大辽王朝是由契丹贵族和汉族地主联合组建的政权，从国家统治形式到各项制度都充分体现了“因俗而治，各得适宜”的基本国策。不过，虽然是“因俗而治，各得适宜”，但毕竟是在一个国度里生活，在一个政权下工作，各民族间、特别是契丹族与汉族间不可避免地要发生接触和融

巴林左旗出土韩匡嗣墓志盖

巴林左旗韩匡嗣家族墓出土耶律隆佑墓志盖

辽全州城（韩匡嗣私城）残墙（位于巴林左旗境内）

合关系，即民族同化问题。民族同化是一个自然选择过程，是民族间相互吸收优秀文化的过程。就契丹大辽王朝而言，契丹族是统治民族，汉族是大多数，民族同化主要是以这两个民族为主。从《辽史》记载来看，反映契丹贵族吸收汉文化，即契丹人汉化的内容比较多，例如辽廷皇帝及一些贵族都有汉名字、使用汉语言文字和中原礼仪习俗等，而反映汉民族吸收契丹文化，即汉人契丹化的内容并不是很多。《韩志》的出土，使我们更多地了解到汉人契丹化的问题。通过《韩志》我们了解到玉田韩氏契丹化主要体现在以下几方面：一是从玉田韩氏在辽朝的第一代人韩知古开始便都有契丹名字；二是玉田韩氏从韩知古开始便与契丹人通婚；三是从遗传学的角度上讲，玉田韩氏第三代人身上含有四分之三的契丹人血统，已经是契丹人了；四是从玉田韩氏第三代人韩德让被赐国姓耶律氏起，韩匡嗣家族人便开始以耶律氏著姓；五是从玉田韩氏第三代人开始出现契丹族典型的婚姻形式——舅甥婚；六是玉田韩氏第五代（耶律高十墓志）和第六代（耶律敌烈墓志）人中出现了契丹文墓志，说明韩匡嗣家族已经完全融入契丹。

韩匡嗣家族墓出土石雕女侍俑

民族融合和同化是一个复杂的问题，玉田韩氏契丹化虽然带有家族的特殊性，属于个性问题，但我们从中也能了解到辽朝民族同化的一些共性问题。从《辽史》、《韩志》的记载来看，辽朝民族同化是一个自然选择过程。总体来说，契丹族作为统治民族，对汉

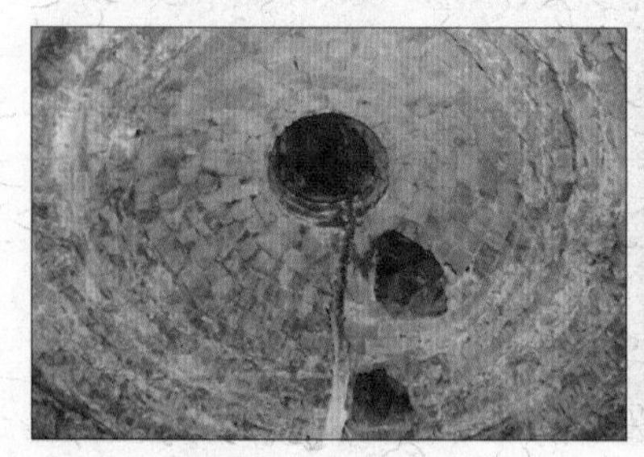
辽韩匡嗣墓穹顶

辽韩匡嗣墓右耳室

辽韩匡嗣墓左耳室

果脯的由来

今天北京果脯因其味道甘美、色泽鲜亮而闻名全国。据史料记载，当时契丹人因地处塞外，水果产量低，而且种类较少。但南方运至的水果又无法保鲜，后来契丹人发明了用蜜蜡浸渍水果，使其能够长久保存的办法。这种方法在北方一直沿用了下来。辽金时期，北京作为契丹、女真经略中原的战略要地，朝廷常常派皇族、显贵担任镇守官。在金代迁都北京后，女真贵族基本上全部迁往此处。辽金贵族把果脯的制作技术带到了北京，并且一直流传到今。

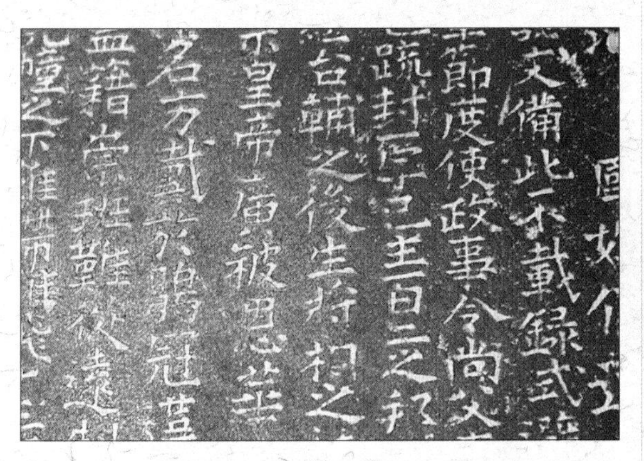

巴林左旗韩匡嗣家族墓出土耶律隆佑汉文墓志

文化的吸收是有限度的，他们在坚持本民族特性的前提下，吸收汉民族中的优秀文化为本民族所用，因此，终辽一世，契丹大辽王朝的政权始终牢牢地掌握在契丹贵族手里，其统治方式也是以契丹本民族统治方式为主；汉民族对契丹文化的吸收是积极主动的，这主要是生活、生存、工作、仕途的需要，有的为了在辽廷立住脚、跻身于契丹显贵之列，甚至整个家族融入契丹族之中，玉田韩氏家族便是这方面的突出代表。

第五，韩匡嗣家族墓是研究契丹大辽王朝

巴林左旗韩匡嗣家族墓出土雕龙棺板

历史的珍贵资料。《韩志》记录了玉田韩氏8代人在辽廷为官的情况，其第一代人韩知古是《辽史》所记录的汉族进入契丹上层社会的第一人，是辽太祖的佐命和开国功臣；契丹大辽王朝立世219年，由耶律氏皇族9帝9代人所统治。玉田韩氏可谓是与辽廷皇族耶律氏同兴衰、共荣辱，玉田韩氏家族的兴衰荣辱，就是整个辽王朝兴衰荣辱的缩影。

四、鲜演墓

鲜演墓位于辽上京遗址北约3公里的山坡上，1986年6月在挖自来水沟时发现墓穴，并出土墓碑一方，知墓主人是辽代晚期有影响的佛学大师鲜演。

鲜演墓的发现及其墓碑的出土，使我们对辽代佛教及佛学成就有了进一步的了解。

韩匡嗣家族墓出土石雕男侍俑

韩匡嗣家族墓壁画《出行图》

辽代“放偷日”

辽代“放偷”，最早见于南宋人的记载。据南宋叶隆礼《契丹国志》，辽廷在“正月十三日，放国人做贼三日，如盗及十贯以上，依法行遣。”元人武珪《燕北杂记》也佐证了这一习俗。可见“放偷”习俗是辽代的一种法定国俗，并规定了偷窃数额的上限，玩归玩但不能过分，触限则被惩处。但其时具体的“放偷”范围史语不详，习俗的适用者也只明确限制于国人即契丹族人中，其他民族是否习用则不得而知。

1. 鲜演墓及墓碑（以下简称《鲜碑》）的发现，为确定上京开龙寺寺址提供了线索。根据《辽史》记载，辽统和四年（986年）7月，辽圣宗“又以杀敌多，诏上京开龙寺建佛事一月，饭僧万人。”由此可知辽上京附近有开龙寺，但地理方位和寺址不清。从《鲜碑》所记述的鲜演履历来看，他是辽怀州（今巴林右旗幸福之路）人，在开龙寺出家为僧，后入辽南京（今北京，时亦称燕京）竹林寺为讲主，期间得到到南京视察工作的辽道宗的赏识，调到上京开龙寺暨黄龙府（今吉林省农安境内）为讲主，此后鲜演进入人生辉煌期，不仅在佛学上著书立说，开坛讲学，而且仕禄荣贵，名显中外，一直到辽天庆二年（1112年）60多岁时才“隐世”，6年后即辽天庆八年圆寂。这期间并没有鲜演任其他寺庙讲主的记载，说明鲜演一直是开龙寺的僧人。辽圣宗下诏在开龙寺饭僧（宴请僧人），说明开龙寺是当时上京附近一座非常重要的寺院，寺院面积肯定很大，鲜演是当时辽代的著名佛学大师，曾得到辽道宗、辽天祚帝祖孙两人的赏识和恩宠，其圆寂后必然要葬在开龙寺院内或附近。1981年曾在鲜演墓南约1公里多处（原林东旅社、现玉峰宾馆附近）发现辽道宗年间的经幢碎块，上有“开龙寺”字样，此亦为鲜演墓在开龙寺院内或附近提供了佐证。

2. 《鲜碑》为我们提供了有关辽道宗及辽廷显贵笃信佛教的一些情况。佛教自契丹建国初期传入契丹社会后，便很快有了一席之地，特别是

辽代韩匡嗣墓志铭

辽代韩匡嗣墓志

韩匡嗣家族墓出土刻有双龙双凤图案石棺盖

辽铜观音像（巴林左旗出土）

得到辽廷显贵们的青睐，辽廷帝后及贵戚对佛教更是情有独钟。在辽廷九帝中，辽兴宗、辽道宗父子无疑又是崇佛敬道方面的痴迷者。《契丹国志》载辽兴宗“尤重浮屠法，僧有正拜三公、三师兼政事令者，凡二十人。贵戚望族化之，多舍男女为僧尼。如王纲、姚景熙、冯立辈皆道流中人，曾遇帝于微行，后皆任显官”。“帝常夜宴，与刘四端兄弟、王纲入伶人乐队，命后妃易衣为女道士”。据有关史料记载，辽兴宗不仅与僧道人物为伍，经常在一起吃喝玩乐、吟诗赋词，随意提拔僧道人物当官，而且还受过戒，差一点出家当了和尚。辽道宗对佛教的“钟情”更是胜过皇父，不仅允许僧道人物进入皇宫大内讲经作法事，而且每年都要专门召开僧侣、臣僚大会，亲自讲经宣扬佛法，并著有佛学著作《华严经随品赞》十卷等，从而把辽朝崇佛敬道之风推上了鼎盛，出现了“一岁而饭三十六万，一日而祝发三千”的壮举。但是，关于辽兴宗、辽道宗父子崇佛敬道的事情却少见于《辽史》，而《鲜碑》却给我们提供了这方面的资料。

鲜演主要活动于辽道宗朝和辽天祚帝朝初期，其墓碑中主要反映的是他在辽道宗朝的佛教活动。根据《鲜碑》记载，鲜演十五六岁便入辽南京竹林寺为讲主，一年时间便名噪南京，时遇辽道宗到南京视察工作，听到鲜演的名声后，“特赐紫衣，慈惠德号”。辽朝时，赐紫衣的僧人享受五品或五品以上的荣誉衔，德号是高僧的封号，只比大师低一级，鲜演获辽道宗“特赐”时只有十七八岁，如果不是辽道宗笃信佛教，怎么会对一个出道仅仅一年且年少的和尚如此“特赐”呢？几年后，辽道宗再次到南京视察时，鲜

鲜演石刻像（现代石刻）

演已是南京的名僧，辽道宗于是将他调到上京，“改充大开龙寺暨黄龙府讲主”，而此时鲜演也不过才二十四五岁。回到上京开龙寺后，鲜演开始进入人生辉煌时期，在著书立说、传经讲道的同时，更是得到辽道宗的赏识，“常以冬夏，召赴庭阙，询颐玄妙，谋议便宜”。也就是说，辽道宗在四时捺钵时，也时常把鲜演叫到身边，讨论佛学，商量国事。

需要指出的是，辽廷皇帝四时捺钵的活动内容是不一样的。春秋捺钵的主要内容是狩猎活动（春捺钵主要是钓鱼捕天鹅，秋捺钵主要是射猎），而冬夏捺钵的主要内容是召开南北臣僚会议，商量和处理国家大事。辽道宗在冬夏捺钵期间还时常将鲜演叫到行在“询颐玄妙，谋议便宜”，至少说明两个问题，一是佛教活动已经是辽道宗的日常“功课”，即便是在冬夏捺钵召开南北臣僚会议、处理国家大事期间，也要与鲜演等佛学大师们研究和探讨佛学理论；二是辽道宗在处理国家大事方面，也往往征求鲜演等佛学大师们的意见，即《鲜碑》中所谓的“谋议便宜”，说明在辽朝有僧人参与政事的现象。

辽代黑釉罐

辽鲜演大师墓碑

西瓜东来

宋辽时期，西瓜一词见于《新五代史》，据此书记载，契丹当时种植大量的西瓜。而且讲到契丹破回纥得到了西瓜种，引入以后，以牛粪覆棚而种。1995年夏秋之际，考古人员在赤峰市敖汉旗境内一座大型壁画墓中，发现了中国迄今已知时代最早的吃西瓜场面。墓主人“宴饮图”中。整个“宴饮图”画面很热闹：一竹编式浅盘内放有石榴、桃和枣等水果；另一黑色圆盘内赫然放着3只大西瓜。然而，契丹只是把西瓜从西域带到了他们所统治的北方地区，至于南方西瓜种植则在其后。

鲜演曾被辽道宗授予崇禄大夫、检校太保等职，辽天祚帝即位后，又授予鲜演加特进阶、守太保、迁特进、守太傅等职，这些都是“非道德功勋崇高，则不居其位，宁缺毋滥”的高官厚禄之品阶，如果不是辽廷皇帝们崇佛信道，怎么会把这么高的品阶授给遁入空门的佛教徒们呢？

《鲜碑》载“首荫门人，亲弟兴操紫衣二字师号，兴义紫衣、崇禄大夫、鸿胪卿，兴密、兴智、兴祚紫衣德号，其余承应者罔克算也。次荫俗弟日亨左承制、兼监察御史，俗侄永晟礼宾副使、兼殿中侍，次侄永安、永宁并在班祗侯。至于乾统四年，其父追封太子左翊卫校尉，其母追封弘农县太君”。也就是说，鲜演出家为僧的弟弟、没有出家的弟弟、侄子、与他有关联的人等都因为他而得以出仕为官，就连已经离世的父母也得到了追封。荫补制度是我国古代的一项传统制度，辽朝也不例外，也存在着荫补制度，即国家官员有荫子特权，其子孙们在职位出现空缺时

辽中京大明塔塔刹，现存宁城县博物馆

可以补缺，韩知古四世孙韩楮便是以荫补官。鲜演的弟弟、侄子等因鲜演之故而出仕为官，说明辽朝中的僧官也享受到了荫补特权，但像鲜演这样父母受追封，6个弟弟、3个侄子、未记名的承荫者“罔克算也”都享受到荫补特权的现象，在辽朝的政府官员中恐怕也是不多见的，如果不是对佛教笃信之深，辽道宗和辽天祚帝祖孙两人怎么会对鲜演如此“高看一眼”呢？

《鲜碑》中提到了鲜演有5个出家为僧的弟弟，有1个俗弟因他而享受到荫补特权，由此可知鲜演至少有兄弟7人，这其中有6人出家为僧，《辽史》所载辽道宗朝出现“一岁而饭三十六万，一日而祝发三千”的现象，就不足为怪了。

《鲜碑》所载“有秦楚国大长公主谓师曰，愿为善友，请入竹林寺，永为讲主”。为我们提供了辽廷显贵笃信佛教的有关情况。秦楚国大长公主，是辽圣宗的女儿、辽兴宗的姐姐、辽道宗的姑姑耶律严母堇。据有关史料记载，严母堇于辽道宗年间（一说为1062年）将自己在南京的诸多宅院捐舍出来建为寺院，辽道宗赐名为竹林寺，并请鲜演为该寺讲主。但这些情况却不见于《辽史》，而《鲜碑》所记则证明严母堇舍宅院建竹林寺是实有其事。据有关史料记载，严母堇的妹妹秦越国大长公主槊古，与其姐姐一样也将自己在南京的宅院捐舍出来建了大昊天寺，由此我们可以窥视辽廷显贵笃信佛教之一斑。

辽代茶褐釉仓廪式骨灰罐

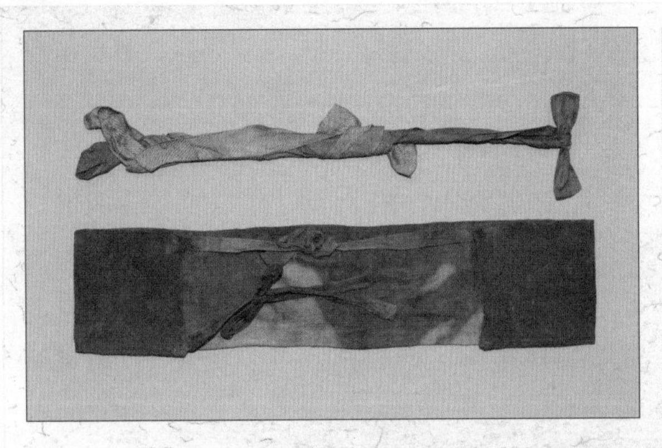

辽代抹额

契丹文铜印（敖汉旗出土）

3.《鲜碑》为我们提供了辽朝佛学理论研究情况。从《辽史》、《契丹国志》等史料对辽朝有关佛教方面的记载中，我们只能了解到辽朝佛教很盛行、寺庙很多、僧人为官、辽廷帝后笃信佛教并对佛教理解很深等有关情况，但在佛学理论研究方面的记载却不多，《鲜碑》在这方面给我们提供了珍贵的资料。据《鲜碑》载鲜演“凡敷究之暇，述作为心。撰《仁王护国经融通疏》、《菩萨戒纂要疏》、《唯识论掇奇提异钞》、《花严经玄谈决择记》、《摩诃衍论显正疏》、《菩萨心戒》暨《诸经戒本》，卷秩颇多。唯《三宝六师外护文》一十五卷……由是，高丽外邦，僧统倾心”。由此可知，鲜演一生撰写佛学方面的著作至少八部之多，其佛学著作还影响到高丽等邻邦。鲜演并不见于《辽史》，而见于《辽史》的高僧却很多，这些高僧能够见于《辽史》，名声地位佛学理论功底等诸方面，想必都要高于鲜演，他们肯定也会在佛学研究方面著书立说。进一步来说，大辽王朝像鲜演这样著书立说阐述佛学理论的僧人不在少数，因此会有一定数量的佛学著作面世，从而使佛教在辽道宗朝达到鼎盛，出现了“一日而祝发三千”的“佛教热”。同时，辽朝的佛学著作还影响到了高丽、西夏、日本、宋朝等邻邦。

辽代十一面观音

塑像现存于河北蓟县城西门内独乐寺观音阁。因其头上还有十个小头像，所以称“十一面观音”。关于观音十一个头面的象征意义，一种说法认为左右十面表示十地，最上一面表十一地佛果，以便使一切众生转明为十一品，得十一地佛果。藏传佛教则有一说，罗刹鬼有十个脑袋，非常狂妄自大，观音变成十一个头，将其降服。现存的蓟县观音阁为辽代统和二年（984年）重修，其中“十一面观音”塑像高十六米，是我国最大的泥塑佛像之一。观音面露微笑，衣带飘洒，姿态优美，自然生动，是辽代雕塑艺术的精品。

五、石羊沟辽墓

石羊沟辽墓位于巴林左旗哈拉哈达镇大西沟村西北约2公里的架子山阳面一条环形山谷里，因为此山谷里曾有石羊而被当地人称为石羊沟。

石羊沟大致北南走向有数公里，沟口开阔处

散布有辽代砖瓦盆碗碎片，当为辽代村落遗址，由此往沟里走不远的沟西侧缓坡上有一处被盗坑址，散布有辽代沟文砖和布纹瓦残件，当为祭祀建筑址，再往沟里走百余米的沟西侧缓坡上有3处盗坑，其中一处大型盗坑散布有辽代沟纹砖，此即所谓石羊沟辽墓，另两处盗坑没有发现砖瓦残块，是否是辽墓或祭祀建筑址还需要进一步考古发掘来佐证。石羊（现保存于辽上京博物馆）位于被盗辽墓和“建筑址”之间，似为移运后的位置，石羊沟内还曾出土石翁仲2件（文武各1件）、石虎2件。

2012年八九月间，赤峰市博物馆有关人员对石羊沟被盗辽墓进行了抢救性发掘，据发掘现场的人透露，被盗辽墓是五代后唐庄宗李存勖伊德妃的单人两耳室墓葬，从墓中清理出12件金银器和一盒墓志，金银器上阴刻有“伊德妃”铭文，墓志内容因有泥土及时间仓促没有看清，大致记得墓志盖刻有“德妃墓志”字样，墓志第一行为“大契丹国故后唐德妃伊氏玄堂志并铭”，墓主人于辽会同五年（942年）十一月十日病逝于辽怀美州本宫，葬于山东30里。

根据《旧五代史》等有关资料记载，“伊德

辽墓木椁

辽代石狗

妃”是五代后唐开国皇帝李存勖的德妃，李存勖被杀、李嗣源即位后，伊氏被迁养于太原，辽太宗耶律德光扶持石敬瑭灭亡后唐，伊氏被掠入契丹（时间大致在937年左右）。《旧五代史》记载后晋天福八年（943年）正月“后唐庄宗德妃伊氏自契丹遣使贡马”，这一时间比墓志记载伊氏病逝时间大约晚了一个多月，但并不矛盾，即墓志所记是伊氏病逝时间，而《旧五代史》所载是收到伊氏贡马时间。也就是说，伊氏在病逝前曾派人向后晋政权贡献马匹，而后晋政权收到马匹时，伊氏已经病逝约2个月时间。

由于“伊德妃”墓志内容及有关考释资料还没有公开发表，因此伊氏被掠入契丹后的情况，是为辽太宗所纳，还是被赐予大臣，抑或是寡居，目前还不得而知。

从石羊沟出土有石翁仲、石羊、石虎等石像生，又有享殿或明殿（即祭祀建筑遗址），同时还有居住村落（即沟口村落遗址）来分析，可以肯定此山谷葬有辽廷显贵。在距离石羊沟西南约5公里的哈拉哈达镇政府所在地小城子村，有一座辽代古城遗址，方形，边长310米，辟有南北二门，外有护城壕址。此城《辽史》不载，当与石羊沟辽墓有关系，应是石羊沟辽墓主人生前之头下军州，而且这个墓主人还是王公贵胄驸马爷一类的人物，享有建立头下军州的特权。

契丹族早期实行树葬加火葬的习俗，后来在佛教和汉文化的影响下逐渐实行土葬，建国后开始盛行土葬，尤以贵族为最。辽太祖陵凿山为殿及陵前立有石像生，就是借鉴了中原帝王陵寝制度。辽太宗会同三年（940年）曾下“诏契丹人授汉官者从汉仪”。明确规定契丹人在朝中担任汉人职官者要遵从中原礼仪制度，这其中当然也包括墓葬习俗，亦即契丹人在辽廷中担任汉官者死后要使用中原的葬俗。

中原公侯卿相的墓仪是有严格规定的，根据生前官职大小，墓前石像生尺寸及数量是不一样的。例如汉朝规定公侯卿相墓前用石翁仲、石羊、石虎、石柱各1对，三代为将相的上五品官员墓前可立碑楼，中五品官员墓前用石羊、石虎、石柱各1对；宋元时期规定一品大员墓前可立石人2对，石柱、石虎、石羊各1对，下五品官员及朝官墓前石像生数量相应比降。辽太祖三弟迭刺之孙耶律琮曾在辽景宗耶律贤朝长期担任汉官，死后便使用中原墓仪，墓前用石人2对，石虎1对，石羊2对，从石像生的数量上来看，采用的是王公贵胄兼中原一品大员的墓仪。

石羊沟辽墓石羊

辽史三大家

在辽史学界，习惯上将在这一时段历史研究成绩显著的陈述、傅乐焕、冯家昇称为“辽史三大家”。陈述（1911—1992年），原名锡印，字玉书，中国著名的历史学家、民族史学家和历史教育家，曾任国立东北大学教授、燕京大学等校教授，中央民族学院研究部教授，中国辽金史学会会长，中国辽金契丹女真史学会会长，主编《辽金史论集》；傅乐焕，山东省聊城县北门里人，1932年考入北京大学历史系。1966年5月23日投陶然亭湖水自尽。代表作是其论文集《辽史丛考》；冯家昇，燕京大学史学系毕业，获得硕士学位，曾在燕京大学、北京大学、东北大学等校任讲师。他在燕京大学学习历史，受到陈垣先生的启发，致力于辽、金史的研究，更受到洪业先生、顾颉刚先生的指导。他的大学毕业论文为《契丹名号考释》；研究生论文为《辽史与金史、新五代史互证举例》。他的代表作为《辽史源流考》与《辽史初校》。

石羊沟目前出土有石羊1件、石虎2件、石翁仲2件（文武各1件），显然是有缺失，按照墓前石像生为双数来分析，石羊沟辽墓石像生数量应该是石人2对（文武各1对）、石羊1对、石虎1

对，与耶律琮及中原公侯卿相墓仪相似。由此可知，石羊沟拥有这些石像生的墓主人应当是王公贵胄且在辽廷中担任汉官为一品大员。

从“伊德妃”被掠入契丹后住在怀美州本宫来分析，“伊德妃”有可能被辽太宗所拥有，因为怀美州即辽怀州是辽太宗的卓帐地，“伊德妃”在这里拥有“本宫”显然与辽太宗有关系，死后按照中原墓仪下葬，并享受契丹王公贵族（双耳室墓）及中原一品大员（石人2对）的双重墓仪，也是完全有可能的，即石羊沟的石羊等石像生有可能是“伊德妃”墓仪。不过，从“德妃墓志”第一行为“大契丹国故后唐德妃伊氏玄堂志并铭”来分析，“伊德妃”即便是得到了辽太宗的宠幸，但并没有获得名分，即没有被赐予妃子，且不排除被赐予大臣和寡居的可能性，况且“伊德妃”是亡国之妃，只在契丹生活六年左右（937年至942年），死后按契丹贵族及中原一品大员墓仪安葬的可能性并不是很大，同时从伊德妃墓的位置来看，并不是石羊沟的最佳风水位置，而是距离沟口较近。因此笔者推测，石羊沟石羊等石像生可能是另有墓主人，这个墓主人有可能就是萧思温。

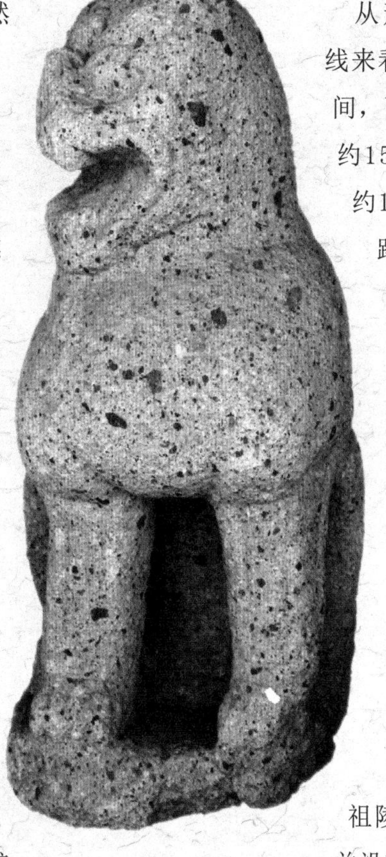

石羊沟辽墓石虎

《辽史·圣宗本纪》载，辽统和元年（983年）“八月戊子，上西巡。己丑，谒祖陵。辛卯，皇太后祭楚国王萧思温墓。癸巳，上与皇太后谒怀陵，遂幸怀州”。这段文字记录的是萧燕燕与辽圣宗母子从上京起程西行，第二天谒祖陵，第四天祭萧思温墓，第六天谒怀陵，即从上京出发至怀州的6天时间里祭祀了三座陵墓。我们可以把萧燕燕母子的行程还原如下：母子俩从上京出发当天到祖州，第二天祭祀祖陵，第三天从祖州出发到萧思温墓，第四天祭祀，第五天从萧思温墓出发到怀陵，第六天祭祀。

从萧燕燕与辽圣宗母子所走路线来看，萧思温墓在祖陵和怀陵之间，而石羊沟东南距辽祖州、祖陵约15公里，西北距辽怀州、怀陵约15公里，正位于祖陵到怀陵的路线上。萧思温是辽太宗的女婿、辽穆宗的姐夫或妹夫、承天皇后萧燕燕生父、辽景宗岳丈，在辽穆宗朝曾长期担任南京留守、侍中等汉官，辽景宗朝初其担任北院枢密使兼北府宰相，位居一人之下万人之上之要枢，死后按王公贵胄及中原公侯卿相一品大员级别安葬显然是没有什么疑问的。

从目前考古发现来看，在祖陵与怀陵之间的地理范围内，并没有发现大型古墓及有石像生的墓葬，因此萧思温陵墓在石羊沟的可能性非常大。结合距离石羊沟只有5公里的哈拉哈达镇政府所在地小城子村辽代古城，石羊沟石羊等石像生有可能是萧思温墓仪，亦即萧思温墓有可能在石羊沟里，小城子村辽代古城有可能是他生前头下军州。当然这里也不排除“伊德妃”被赐予萧思温为妻妾的可能性，即“伊德妃”墓

契丹小字墓志拓片（巴林左旗出土）

与萧思温墓都在石羊沟。

萧思温《辽史》有传，他是辽穆宗朝及辽景宗朝初期的重要人物，就其身份而言，他是辽太宗的女婿、辽穆宗的姐夫或妹夫、承天皇后萧燕燕的父亲、辽景宗的岳丈、辽圣宗的外公。就其官职而言，他在辽太宗朝历任奚秃里太尉、群牧都林牙；辽穆宗朝历任南京留守、侍中；辽景宗朝历任北院枢密使、兼北府宰相、加尚书令、封魏王。不论是身份还是官职，萧思温都是辽穆宗朝和辽景宗朝初期炙手可热的人物。但是，这些并不是我们关注萧思温墓的原因，我们之所以关注萧思温墓，主要是因为萧思温身上存在着许多疑团，希望能通过其墓葬的发掘来破解。

第一，萧思温家族牵涉到辽廷二国舅帐族属问题。前文已经提到辽廷二国舅帐，但目前学界关于二国舅帐族属观点不一。一种观点认为，①述律平异父同母兄长萧敌鲁家族为乙室已国舅帐，但其家支属大翁帐还是小翁帐还不能确定；②萧思温家族属于拔里氏国舅少父房；③述律平及弟萧阿古只、萧室鲁家族是与乙室已氏和拔里氏二国舅帐并列的国舅帐（即不在二国舅之列）。另一种观点认为，①述律平家族属拔里氏国舅帐，其两个弟弟萧室鲁家支为大父房、萧阿古只家支为少父房；②述律平异父同母兄长萧敌鲁家族为乙室已国舅帐，萧敌鲁家支属小翁帐，其族兄（弟）忽没里（萧思温之父）家支属大翁帐。另外，根据《辽史·表》，萧思温家族属于拔里氏国舅帐大父房；述律平弟萧室鲁家族属于拔里氏国舅帐少父房；齐天皇后萧菩萨哥为国舅别帐，其他如述律平等国舅族族属不清。

从萧思温娶辽太宗长女为妻来看，他肯定是二国舅帐人，但属于拔里氏还是乙室已国舅帐及两帐中的哪房（帐）还没有定论，萧思温墓志如果能够出土，这些问题自然会迎刃而解。

第二，萧思温有无子嗣问题。关于这一问题，《辽史》本身记载相互矛盾。《辽史·表》载“北府宰相（萧）继先，思温无嗣，睿智皇后

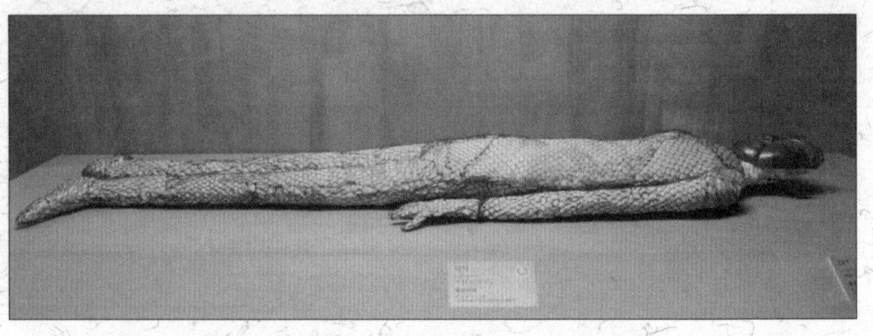

辽铜丝网络（巴林右旗辽墓出土）

（萧燕燕）命为后”。《辽史·萧继先传》载“（萧继先）幼颖悟，叔思温命为子，睿智皇后尤爱之”。《辽史·萧思温传》没有记载其子嗣情况。上述史料的意思非常清楚，萧思温无有子嗣，承天皇后萧燕燕或萧思温本人命萧继先（萧思温之侄）为子，以承香火。但是，《辽史·齐天皇后传》载“圣宗仁德皇后萧氏，小字菩萨哥，睿智皇后弟隗因之子”。隗因《辽史》无传，而《辽史·表》将其列为不知房族世次。也就是说，《辽史·齐天皇后传》载萧思温应有一子名叫隗因。萧思温到底有无子嗣，待其墓志出土自然会有答案。

第三，萧思温为什么舍弃女婿而拥立景宗耶律贤为帝。在论及此问题前，让我们先来看一看萧思温三个女儿的婚姻情况。

根据《辽史》记载，萧思温有三个女儿，长女胡辇嫁给辽太宗之子、辽穆宗之弟齐王罨撒葛为妻，称齐王妃；二女嫁给辽太祖之孙、李胡之子宋王耶律喜隐为妻，称宋王妃；三女萧燕燕嫁给辽景宗耶律贤为皇后，称承天皇后。从中不难看出，这三姐妹的丈夫都不是一般的人，都是最接近皇位的人。

先说齐王罨撒葛，他是辽太宗嫡次子、辽穆宗之胞弟，出生于934年，4岁时被封为太平王，其兄辽穆宗即位时（951年年）他虽然只有17岁，但由于兄长辽穆宗喜欢喝酒射猎，把朝政都委托给他处理，因此罨撒葛得以替兄处理朝政，干起皇帝的工作，也是辽穆宗之后最接近皇位的人。萧燕燕出生于953年，按照正常的出生年份来计算，其大姐胡辇当出生于949年左

石羊沟辽墓石像生

右，嫁给齐王罨撒葛的时间当在辽穆宗朝的应历十四年（964年，胡辇15岁）左右。

再说宋王喜隐，他是辽太祖三子耶律李胡之子，自然也有当皇帝的资格，因此在辽穆宗朝曾几次谋取皇位，辽穆宗被杀时，他因谋反罪还被关押在监狱里。辽景宗即位（969年）后，为了笼络喜隐，封其为宋王，并将皇后萧燕燕的二姐嫁给他为妃，称宋王妃。

辽景宗耶律贤是辽世宗之嫡长子，也有当皇帝的资格，也是最接近皇位的人之一，辽应历十九年（969年）2月辽穆宗被杀死在黑山行宫，

辽墓壁画“道教人物图”

耶律贤在辽穆宗柩前即位皇帝，将萧思温的三女儿萧燕燕纳入宫中为贵妃，同年5月册立为皇后，时年只有16岁。

按照辽廷耶律氏皇族与二国舅帐通婚的惯例，这姐妹三人嫁给横帐皇族也属正常之事。但是，萧燕燕嫁进宫中是在辽廷帝位更迭之时，这就有些耐人寻味了。

首先，辽景宗耶律贤即位皇帝时已经22岁，早已娶妃，按理说他应该册立这个原配夫人为皇后，为什么要另娶萧燕燕为皇后呢？其次，根据宋人路振的《乘轺录》记载，萧燕燕与韩德让订有婚约，她为什么要毁掉婚约而嫁给辽景宗呢？再次，也是最主要的一点，那就是萧思温为什么舍弃自己的女婿罨撒葛而拥立耶律贤为帝。

上文已经提到，由于辽穆宗没有子嗣，其身后皇位传承成为辽廷诸显贵猜度的目标。就当时的皇位继承形势而言，罨撒葛作为辽穆宗的胞弟，已经在替兄处理朝政，是最接近皇位的人；耶律贤是辽世宗的嫡长子，4岁时失去父母（辽世宗夫妻被乱军所杀），被辽穆宗视为己子，也是最接近皇位之人，由此辽廷形成了以罨撒葛和耶律贤为核心的两大政治集团。从《辽史》记载来看，耶律贤政治集团的主要成员有南院枢密使高勋、飞龙使女里、韩匡嗣（赋闲无职）、左皮室详稳耶律贤适、侍中萧思温等；罨撒葛政治集团的主要成员有夷离毕粘木衮、殿前都点检耶律夷腊葛、右皮室详稳萧乌里等。从中我们不难发现问题，那就是萧思温为什么不支持自己的女婿罨撒葛而支持耶律贤呢？

关于辽景宗即位一事，《辽史》中有多处记载。《辽史·景宗本纪》载辽应历十九年（969年）2月“己巳，穆宗遇弑，帝率飞龙使女里、

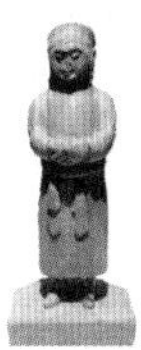

德国辽史专家——魏特夫

魏特夫（1896 - 1988 年），德裔美国历史学家，汉学家，出生于德国汉诺威。他提出的东方专制主义理论，引起了很大争论和影响。于 1919 年加入德国共产党，曾任共产国际教育宣传委员。先后在美因河畔法兰克福社会研究所和威廉中国研究所从事研究。1919 年起关心中国革命，写了一系列研究中国的著述。1928 年在法兰克福大学获得博士学位。1925—1933 年是法兰克福学派大本营社会研究所成员。1935 年来华收集资料，与胡适、陶希圣相结识，研究中国的社会与历史。魏特夫和冯家昇合著《辽代社会史》，成为辽史研究的名著。

侍中萧思温、南院枢密使高勋率甲骑千人驰赴。黎明，至行在，哭之恸。群臣劝进，遂即皇帝位于柩前”。也就是说，穆宗被弑时，萧思温并没有在现场，而是与景宗在一起。《辽史·萧思温传》记载“十九年，春搜，上射熊而中，思温与夷离毕牙里斯（即粘木衮，一人两名）进酒上寿，帝醉还宫。是夜，为庖人斯奴古等所弑。思温与南院枢密使高勋、飞龙使女里等立景宗”。意思是说，萧思温与穆宗在一起射猎获熊饮酒致醉，当天夜里穆宗即被庖人所杀，萧思温与高勋等人遂拥立耶律贤为帝，是为辽景宗。

上述本纪和传虽然都提到萧思温与高勋、女里等拥立耶律贤为帝，但在记述萧思温的行踪时却出现了矛盾，即本纪记载穆宗被弑时萧思温与耶律贤在一起，而传却记载他与穆宗一起射熊饮酒致醉而导致穆宗被杀。《辽史》为什么会出现这样矛盾的记载呢？有可能就是萧思温在拥立耶律贤为帝这件事上有“讳言”之处。这个“讳言”，有可能就是萧思温原来是女婿罨撒葛政治集团的骨干成员，在穆宗遇害后临阵换主，转而

辽代花式口长颈瓶

支持耶律贤。

那么，萧思温为什么临阵换主呢？肯定是与当时的形势有关系。

就罨撒葛和景宗竞争皇位的优势而言，罨撒葛是穆宗的唯一亲兄弟，已经在替兄长处理朝政，又有在朝中为官的岳丈萧思温的支持，继承皇位的机会要远远地大于耶律贤；而耶律贤毕竟是穆宗的侄子，与穆宗的血缘关系没有罨撒葛近，又没有什么得力靠山，各方面的条件自然都要劣于罨撒葛。但是，罨撒葛见兄长嗜酒好猎不理朝政，就总想着早一点转正成为正式皇帝，在穆宗即位的第三年（953年）便与人结党，想推翻兄长的皇位，结果事败。这次“事件”虽然没有影响他的政治前途，仍然得以替兄处理朝政，但他并没有吸取教训，在穆宗执政末期，忍耐不住就又找到算命先生给自己算一算什么时候能当上

辽代三彩碗

皇帝，结果被兄长穆宗得知，被罚配到西北边境守边去了。

穆宗被害时，罨撒葛在千里之外的西北边境，鞭长莫及，而耶律贤在100公里以内的上京，从而占得先机。他在得到穆宗遇害的消息后，立即率领五百铁骑赶赴黑山穆宗行宫，并在黎明前赶到现场，控制住了局势，继而即位皇帝。

关于耶律贤即位过程，《辽史·女里传》也有记载，“时景宗在藩邸，以女里出自本宫，待遇殊厚，女里亦倾心结纳。及穆宗遇弑，女里奔赴景宗。是夜，集禁兵五百以卫。既即位，以翼卫之功，加政事令、契丹行宫都部署，赏赉甚渥，寻加守太尉。”也就是说，耶律贤政治集团中的骨干成员女里，当时也在穆宗遇害的黑山行宫，正是他立即把穆宗遇弑的消息报告给时在上京的耶律贤，并集结五百铁骑赶赴黑山，戒严了穆宗行宫，控制住了局势，然后与高勋、萧思温等人拥立耶律贤继承了皇位。

从《辽史》记载来看，穆宗被害时，罨撒葛虽然不在现场，但他的政治集团中的主要成员，如萧思温、耶律夷腊葛、粘木衮等都在现场，并且掌握着一定数量的军队。因此，耶律贤得到穆宗遇害消息后，才集结了五百铁骑赶赴黑山穆宗行宫。就当时双方的军事力量而言，罨撒葛一方还要强于景宗，因耶律夷腊葛是殿前都检点，粘木衮是右皮室详稳，手中都掌握着一定数量的军队。但是，就一件事而言，当事人在现场和不在现场其结果是不一样的。

罨撒葛不在现场，从而使他在黑山穆宗行宫的政治集团成员处于群龙无首的状态，不敢贸然对也有当皇帝资格的耶律贤出手；而耶律贤在当时，以他的身份可以对任何人做出处理，从而控制了局势。在这种形势下，任何人的不当行为，都有可能掉脑袋，萧思温自然也不例外。但是，萧思温时任侍中，既是辽廷重臣，又是辽太宗的女婿、辽穆宗的姐夫或妹夫，在皇位继承问题上举足轻重，耶律贤自然也清楚这一点；反过来讲，耶律贤已经用兵控制了局势，对皇位势在必得，萧思温再坚持拥立女婿罨撒葛为皇帝，已经不现实。在这种局势下，两人有可能做了一笔政治交易，那就是萧思温支持耶律贤继承皇位，而耶律贤即位后要娶其小女儿萧燕燕为妻并册立为皇后。

达成政治交易后，耶律贤顺利继承皇位，紧接着对罨撒葛政治集团动手。杀殿前都检点耶律夷腊葛、右皮室详稳萧乌里、夷离毕粘木衮等，罨撒葛政治集团随之瓦解。再接下来，萧燕燕被选入宫中册为贵妃，两个月后（当年5月）册立为皇后。

总之，萧思温舍女婿罨撒葛而拥立耶律贤为帝的行为，不符合常理，关于这一段历史，我们期盼着通过萧思温墓葬的发掘能够发现一些线索。

第四，萧思温被杀案件之疑点。景宗耶律贤即位后，萧思温因拥立之功、加之小女儿燕燕被册立为皇后，身价倍增，先提升为北院枢密使成为辽廷二号人物，8天后又兼任北府宰相，8个月后加尚书令、封魏王（969年11月），又半年被杀身亡（970年5月）。也就是说，萧思温在景宗朝只存在了一年零三个月的时间（969年2月至970年5月）便被人所杀。

关于萧思温被杀案件，《辽史》记载得有些耐人寻味。《辽史·景宗本纪》记载，辽保宁二年（970）“五月癸丑，西幸。乙卯，次盘道岭，盗杀北院枢密使萧思温”。“（970年）九月辛丑，得国舅萧海只及海里杀萧思温状，皆伏诛，流其弟神睹于黄龙府”。“（971年）夏四月丁卯……萧神睹伏诛”。“（978年）五月癸卯，赐女里死，遣人诛高勋等”。《辽史·萧思温传》载“从帝猎闾山，为贼所害”。《辽史·女里传》载“保宁末，坐私藏甲五百属，有司方按诘，女里袖中又得杀枢密使萧思温贼书，赐死（978年）”。《辽史·高勋传》载“保宁中……以毒药馈驸马都尉萧啜里，事觉，流铜州。寻又谋害尚书令萧思温，诏狱诛之，没其产，皆赐思温家”。

根据上述史料记载，我们可以把萧思温被杀案件的大致脉络理顺如下：萧思温于辽保宁二年（970年）五月随辽景宗在医巫闾山射猎时，在途中被强盗所杀，4个月后破案，凶手萧海里三兄弟相继处死，8年后，女里、高勋因罪相继被下狱，在审讯时，从女里袖中发现了当年杀害萧思温的信件，高勋也交代了当年杀害萧思温的犯罪经过，两人同时被处死。

从中不难看出此案有以下几处疑点：其一，萧思温是在随景帝射猎时被强盗所杀的，这有悖常理。既然是强盗所为，袭击的肯定是景宗的行猎队伍，为什么只杀死了萧思温？其二，萧思温被杀4个月后凶手便被抓获，案件就已经侦破，为什么8年后女里和高勋才发案？其三，萧思温被杀案件结案8年后，为什么还能从女里袖中发现当年谋害萧思温的信件？

辽墓出土九脊履尸小帐

笔者认为，萧思温被杀案件正好佐证了笔者关于萧思温与景宗政治交易的推断。

根据《辽史》有关萧思温被杀案件的记载，我们完全可以得出这样的结论：就萧思温被杀案件而言，高勋、女里是主谋，萧海只、萧海里兄弟是凶手。案件起因于两个方

面。一是高勋、女里的妒忌；二是拔里氏国舅帐的不满。

高勋、女里是景宗在藩邸时政治集团中的骨干成员，在景宗攫取帝位的过程中居功至伟，景宗即位后对这两人也大加赏赐，晋封高勋为秦王，仍任南院枢密使位居南面官之首；女里加政事令，出任契丹行宫都部署。应该说，对这两人的封赏也是很丰厚的。但是，与萧思温相比，也只能是小巫见大巫。萧思温原来并不是景宗集团成员，不过临阵换主，因小女儿的关系就位居百官之首，这显然是高勋、女里所不服气的，因此对萧思温妒忌在心。

萧海只和萧海里兄弟被称为国舅，说明他俩不是乙室已氏国舅帐人便是拔里氏国舅帐人，从穆宗朝曾有辽世宗小舅子萧海贞谋反来看，萧氏兄弟有可能是拔里氏国舅帐人（萧海贞、萧海只、萧海里是汉名，名字都有海字，有可能是同族兄弟）。他们在景宗朝被称为国舅，说明他们的姐姐或妹妹不是穆宗的皇后，便是景宗的妃子，而后者的可能更大。上文已经提到，景宗即位时肯定已经娶妃萧氏，按照常理即位后应该册立这位萧氏妃子为皇后，但因为萧燕燕的关系，萧氏没有册立为皇后，从而引起其家族即拔里氏国舅帐的不满，对萧思温怀恨在心。

辽铜执壶（巴林左旗出土）

高勋自辽太宗朝末进入契丹社会，在辽世宗、辽穆宗两朝担任南院枢密使等辽廷要职，在辽政坛活跃20多年，对辽廷后族二国舅帐之间的关系自然是了如指掌，于是就利用拔里氏国舅帐对萧思温的不满情绪，与女里一起鼓动萧氏兄弟杀死了萧思温。

萧氏兄弟被抓获后，高勋、女里自然也都浮出水面。但是就当时的局势而言，景宗的皇位并不稳定，当时罨撒葛已经回到京城，也还有一定的势力，还时刻在威胁着皇权。而萧思温、高勋、女里三人既是景宗夺取皇位的最大功臣，同时也是景宗赖以维护皇权的佐臣，萧思温已死，如果再除掉其他两人，无疑是自除臂膀。为稳定局势和巩固皇权，景宗只是处死了萧氏兄弟，而放了高勋、女里一马。2年后（972年）罨撒葛病逝，又6年，景宗和萧燕燕完全掌控住辽廷局势后才将高勋和女里同时处死（978年5月）。至于从女里袖中搜出8年前谋害萧思温的信件及高勋招供认罪等，不过是欲加之罪何患无辞而已。

总之，以上四点疑团，期望通过萧思温墓的发掘能够得到一些线索。

六、耶律习涅墓

耶律习涅墓位于巴林左旗乌兰达坝苏木浩尔吐嘎查西北小罕山东侧。1987年秋，浩尔吐嘎查有一农民去小罕山采药时发现被盗墓葬及墓志，得知此处为辽廷皇族大横帐节度副使耶律习涅家族墓地，这也是目前巴林左旗境内发现并见诸于资料的第一座辽廷皇族大横帐人墓葬。

耶律习涅《辽史》无传，从其墓志记载来看，他的官职并不显赫，但其墓志（以下简称《涅志》）的出土为我们了解阿保机诸弟家支情况提供了线索。

《涅志》载“故兴复军节度副使墓志铭并序维天庆三年冬十一月，公春秋五十有一，遘疾，卒于公署，讳习涅，小字杷八，即大横帐乙信直鲁姑郎君之子也……于越王兵马大元帅讳习宁，小字卢不姑，即公之六世祖也。枢密使西平王讳奥聒只，小字贤圣，即公之高祖也。节度使应恩，小字观音，即公之曾祖也。太尉讳直鲁衮，小字解里即公之祖也。……即以天庆四年三月二十五日葬于嘉鹿山先茔之侧，与妻捺豁合祔焉”。

上述墓志资料显示了耶律习涅六世祖以下六代人的官职情况，其中六世祖卢不姑、高祖奥聒只《辽史》有传，其他人《辽史》无传或不见于史籍。

耶律习涅汉文墓志盖拓片

辽代石棺

经考证，卢不姑即《辽史》中的耶律鲁不古，奥聒只即《辽史》中的耶律贤适。

《辽史·耶律鲁不古传》载，耶律鲁不古，字信宁（即《涅志》中的卢不姑、习宁），为太祖从侄，太祖朝因创制契丹大字有功被授予林牙、监修国史，辽太宗朝任西南边大详稳（当年石敬瑭派信使到契丹以称儿割让燕云十六州为条件结契丹为外援以图中原皇位，就是鲁不古将石敬瑭的信使护送到上京皇都）；辽世宗朝被拜为于越迁任北院大王。

《辽史·耶律贤适传》载，贤适（即《涅志》中的奥聒只、贤圣，本书有传）为于越鲁不古之子，穆宗朝出仕为郎君，嗜学有大志，城府很深，他见朝中一些大臣因议论穆宗朝政而获罪，便常常游山玩水以自乐，从不与人议论时事。辽应历十五年（965年）乌古诸部起兵反辽，贤适率军征讨乌古部，因功被提拔为右（左）皮室详稳（967年）。当时景宗在藩邸，有时与其政

治集团人员女里、韩匡嗣等议论朝政，贤适则劝景宗不要议论朝政，以免遭到穆宗猜忌而影响政治前途。景宗遂听取适贤意见，不再议论朝政，从而与穆宗保持和谐关系，并最终夺取皇位。贤适因功加检校太保、遥授宁江军节度使、赐推忠协力功臣。当时景宗刚刚即位（969年），诸王觊觎皇位，朝臣首鼠两端，皇权并不稳固，景宗于是把贤适倚为心腹，朝政多与其商量。萧思温被杀后（970年），贤适出任北院枢密使成为辽廷二号人物，位居百官之首，帮助景宗拨乱反正，励精图治，为辽朝中兴做出巨大贡献。贤适于景宗朝末因病请求退休，景宗没有批准，特许其在家

辽代绿釉牛腿瓶

库莫奚

库莫奚族源出东胡，为鲜卑宇文部之后，与契丹本是同族异部，后各自形成为一族。唐朝时，和中原来往密切。公元7世初至9世纪中叶，是库莫奚族最为鼎盛的时期。在这一阶段，军事实力与契丹旗鼓相当，有时还稍过之，被唐并称为东北“两蕃”。库莫奚后来在反唐的战争中遭到重创，同时与契丹的频繁战争也严重削弱了实力。契丹兴起后，逐渐吞并和通化了库莫奚，在其故地设置有“奚王府”。

里办公，晋封西平郡王，不久病逝（980年）。

从《涅志》来看，习涅家族六代人中，只有六世祖鲁不古和五世祖贤适官职最显，其他人的官职并不是十分显赫，因此《辽史》没有给他们立传。不过，习涅家族出仕为官情况并不是本文关注的重点，我们所要探讨的是习涅七世祖情况。因为此人是鲁不古的父亲，也就是习涅所在帐族的“开山之祖”。

辽廷横帐有一帐三父房八个家支，即阿保机家支直接称横帐，阿保机二伯父严木家支称孟父房、三伯父释鲁家支称仲父房，阿保机五个弟弟五家支为季父房，这一帐三父房统称为四帐皇族。

《辽史·耶律鲁不古传》说其是太祖从侄，说明鲁不古不是孟父房人便是仲父房人，《辽史·表》据此将其列为孟父房、仲父房之后，不知所出，笔者认为这有商榷的必要。孟父房开山之祖严木曾三任迭剌部夷离堇，是遥辇氏汗国后期及迭剌部的重要人物，如果鲁不古是孟父房人的话，那他就是严木之孙，其本传及《涅志》都应该提及严木本人，以彰显其家族之尊荣。仲父房开山之祖是阿保机三伯父于越释鲁，此人是

契丹遥辇氏汗国后期及迭剌部的重要人物，正是由于他拜为于越总知军国事，从而为阿保机夺取契丹汗权奠定了基础。如果鲁不古是仲父房人的话，那他就是于越释鲁之孙，不仅其本传中会提及这位功名显赫的祖父，而且《涅志》中肯定也会提及这位八世祖。例如病逝于辽道宗年间的耶律仁先（本书有传）和耶律智先两兄弟墓志在辽宁省北票出土，其中都明确记载两人的远祖是于越释鲁，说明到辽朝后期释鲁的后人们仍以这位功名显赫的祖宗（释鲁）为荣，而书于墓志中。如果耶律鲁不古是于越释鲁孙子的话，不仅其传记中要提到释鲁，就是《涅志》中也不会漏掉这位远祖。由此我们判断，鲁不古并非孟父房和仲父房人，而应该是季父房人，即他是辽太祖胞侄，并非从侄。

辽太祖有五个弟弟，二弟剌葛、三弟迭剌、四弟寅底石、五弟安端、六弟苏，这五兄弟家支均被列为季父房皇族。那么，鲁不古具体是哪个人之子呢？谭其骧老先生在《〈辽史〉订补三种》文中将鲁不古订正为剌葛之子。笔者同意此观点，主要依据如下：

《辽史·耶律鲁不古传》载“耶律鲁不古，字信宁，太祖从侄也。初，太祖制契丹国字，鲁不古以赞成功，授林牙、监修国史。后率偏师，为西南边大详稳……天禄中拜于越。六年，为北院大王”。《契丹国志·梁王信宁传》载“梁王信宁，番名解里，北大王乌斡之子。始以祗候郎君授林牙，云州、奉圣州、蔚州节度使、同平章事。与帝（辽世宗）同谋，逐太后出宫，拜南大王、北大王、惕隐、南宰相，封梁王，加尚父，致仕”。

我们把以上两史料的记载加以对比，就会发现：《辽史·耶律鲁不古传》中鲁不古的字——信宁，不仅与《契丹国志·梁王信宁传》中梁王的名——信宁相同，而且两人的事迹也颇为相同，初授官职都是林牙，都曾节制西南面军事，都担任过北大王。同时，两个人的事迹还可以相互印证。天禄是辽世宗朝的年号，只使用四年时间（947年9月至951年9月），这四年中辽世宗最值得浓墨重彩的事情，便是打败祖母述律平和三叔李胡夺取了皇权，其余并没有什么值得着笔称道的事情，而鲁不古却在这期间被拜为于越、晋升北大王，根据《涅志》还担任了“于越王兵马大元帅。”那么，鲁不古是凭什么功劳获此殊荣的呢？《契丹国志·梁王信宁传》给出了答案，那就是他“与帝同谋，逐太后出宫。”也就是说，鲁不古因帮助辽世宗将太后述律平撵出皇宫，囚禁于祖陵，坐稳龙椅，从而获得“于越王兵马大元帅”的丰厚奖赏。

巴林左旗出土耶律习涅契丹大字墓志

“于越王”、“兵马大元帅”是辽廷中非常重要的官职，是最接近皇权的职位，并不是常设官职，而是只授予有大德功及有资格继承皇位之人。从《辽史》的记载来看，阿保机三伯父释鲁在契丹遥辇氏汗国末期被拜为于越，总知

军国事；阿保机以于越代遥辇氏为契丹可汗；阿保机族叔辖底担任于越期间，鼓动诸弟几次起来争夺阿保机的皇权；辽太宗、辽道宗、天祚帝都曾担任过天下兵马大元帅；耶律李胡（辽太祖三子）、耶律重元（辽兴宗之弟）曾担任过兵马大元帅，这两个人也都曾起兵造反争夺过皇权；耶律隆庆（辽圣宗之弟）担任过兵马大元帅，也曾想抢夺皇兄辽圣宗皇权；耶律淳（辽兴宗之孙）担任过都元帅，于辽朝末年建立北辽政权，与辽天祚帝分庭抗礼。由此可见，担任兵马大元帅一职的人，都是有当皇帝资格的人。也就是说，只

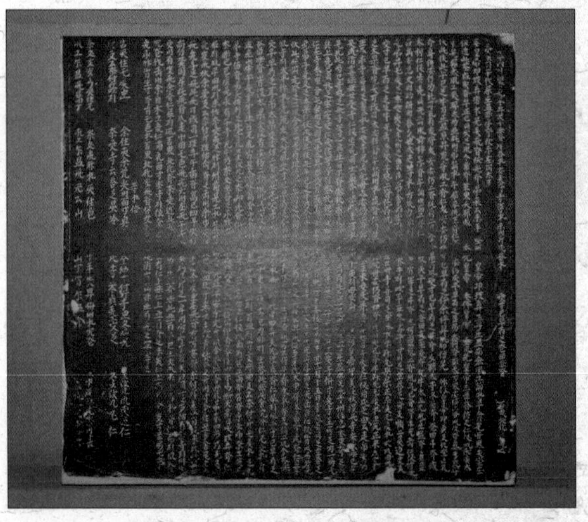

耶律习涅契丹大字墓志拓片

有有资格当皇帝的人才能够担任兵马大元帅这一官职。在契丹建国初期，也只有阿保机几兄弟及其子孙有当皇帝的资格。

《契丹国志·世系表》第一世系中只列出了辽太祖阿保机及北大王撒剌阿拨（又名阿斡）两人，北大王撒剌阿拨的后世只列出了梁王信宁1人。这个北大王撒剌阿拨能够与阿保机并列于辽廷世系表第一世系，说明其不是一般的人，肯定与阿保机同辈，即其某一弟弟，而诸弟在太祖朝担任过北大王（时称迭剌部夷离堇）职务的只有剌葛。剌葛一人多名，《辽史》中称剌葛、剌哥、撒剌、拨剌；《契丹国志》、《资治通鉴》称撒剌阿拨等，而《契丹国志·梁王信宁传》中的“北大王乌斡之子”的“乌斡”，当是《契丹国志·世系表》中的“北大王阿斡”之误。

从辽世宗与祖母述律平争夺皇权的过程来看，他在中原镇州（今河北正定）即位皇帝时，主要依靠的是诸部酋长的力量，而北返与祖母述律平和三叔李胡争夺龙椅时，主要依靠的是他的几位叔祖及后人，即阿保机几个弟弟家支的力量。如五叔祖安端（阿保机五弟）、四叔祖寅底石的两个儿子刘哥、盆都等，便都是辽世宗打败述律平和李胡兵马的先锋官。信宁（即鲁不古）能够“与帝同谋，逐太后出宫”，肯定也是辽世宗的直近亲属，即他几个叔祖的后人，也有当皇帝的资格。因此，辽世宗把祖母述律平和三叔李胡囚于祖州坐稳龙椅后，论功行赏，不仅拜信宁（鲁不古）为于越王，而且授予其只有有资格当皇帝的人才能够担任的兵马大元帅之职，以示特殊嘉奖。

总之，综合《辽史·耶律鲁不古传》、《契丹国志·梁王信宁传》及《契丹国志·世系表》的有关记载，《辽史》中的鲁不古就是《契丹国志》中的信宁，他是辽太祖二弟剌葛之子，亦即剌葛是耶律习涅的七世祖。

《辽史·耶律鲁不古传》及《涅志》中都不提及剌葛的原因非常明显，那就是剌葛的人生影响到了其家族的声誉。剌葛在大哥阿保机担任契丹可汗（907年）后，便对汗权存有非分之想，三番五次起来夺取皇权失败后，于辽神册二年（917

东丹国

东丹国（926~952年）是中国辽朝灭亡渤海国后在其地设立的一个附属国家，又称东辽。辽太祖天显元年（926年），击灭渤海国，封皇太子耶律倍于其地，称"人皇王"，因渤海在辽东方，故名为东丹国（东契丹之意）。东丹国按照中国中原汉法治理，君主有权任命百官，每年向辽国贡纳细布五万匹、粗布十万匹、马一千匹。天显五年（930年），耶律倍因受德光猜忌，逃奔后唐，东丹国名存实亡。辽世宗天禄元年（947年），辽朝复建东丹国，封耶律安端为明王。应历二年（952年）十二月，耶律安端死，东丹国亡，其地直属辽廷。此后渤海国遗民建立定安国。982年（辽乾亨四年），废除东丹国号，东丹国灭亡。

年）领一子赛保里叛入幽州投奔了李存勖，被李存勖收为假子、任职刺史，第二年他随李存勖参加了对朱梁的胡柳坡之战，见李存勖的军队损失惨重，便又携妻带子投奔了朱梁，辽天赞二年（923年）李存勖攻破汴梁将剌葛父子抓获并诛其全家。这样的行为和结果，自然不便于写入已经官至于越、北院大王、兵马大元帅的儿子鲁不古传及《涅志》中，因此，《涅志》只追溯到习涅六世祖鲁不古。

《辽史·皇族表》记载剌葛只有两子，其一赛保里，与剌葛一同被斩首于汴京，其二拔里得，《契丹国志》、《资治通鉴》称麻答，辽天禄元年（947年）辽世宗率诸部酋长北上与祖母争夺皇权，任命拔里得为中京（今河北正定）留守镇守河北，但他不思履职，却胡作非为，最终丢失河北大地北返。回到上京皇都后，辽世宗批评他几句，不料他却推辞说这都是辽世宗重用汉臣所致，结果被辽世宗当场赐予毒酒身亡。习涅墓志的出土，说明剌葛至少还有一子——鲁不古。

习涅墓地有十几座坟墓，当是一处家族墓地。但其七世祖剌葛及两子赛保里和拔里得（拔里得重孙耶律昌允墓葬在赤峰市元宝山区发现并出土了墓志）都死于非命，不一定会葬在这里。因此，这一墓地当为习涅六世祖，即剌葛的另一子——鲁不古家族墓地。

上文已经提及到辽太祖诸弟的情况，这几兄弟三番五次起来造反夺权都以失败而告终，不仅仕途坎坷，官运不顺，而且死得也都很惨。二弟剌葛被李存勖斩首于汴京（今河南开封）；三弟迭剌被刺死于东丹国首都天福城（今黑龙江省宁安境内）；四弟寅底石被述律平杀死于去东丹国

辽墓壁画

巴林左旗出土耶律习涅契丹大字墓志

首都天福城赴任途中；五弟安端因儿子察割造反杀死辽世宗而被削职死于家中（结果是五兄弟最好的一个）；六弟苏被述律平杀死于护送辽太祖灵柩返回皇都途中。

从中不难看出，五兄弟中有四人被杀死于非命，只有老五安端算是死有全尸。那么，这几兄弟死后会葬于什么地点呢？契丹人有“落叶归根”的葬俗，即死后要附葬祖茔。按照这一葬俗，几兄弟死后也应当附葬于其父撒剌的陵墓——德陵。但是，从目前考古发现来看，只是零星发现了几兄弟后人葬地。

本文所述习涅家族墓，是老二剌葛诸子之一——鲁不古的家族墓地；剌葛另一子耶律拔里得之重孙耶律昌允墓葬在元宝山区发现；根据《赤峰人物·阿旗分卷》载，阿鲁科尔沁旗坤都镇境内沙尔温都尔山发现38座辽墓，其中第17号辽墓是辽兴宗朝曾担任北院大王的耶律万辛墓葬，从出土的墓志来看，耶律万辛有可能是剌葛另一子解里，即耶律拔里得的曾孙。阿鲁科尔沁旗宝山辽墓群，当是老五安端或其次子大少君家族墓地。老三迭剌之孙耶律琮的墓葬在喀喇沁旗马鞍山发现，从耶律琮墓神道碑文来看，耶律琮死后并没有归葬祖茔，而是另选墓地。其他几兄弟及后人墓葬目前还没有发现，或笔者没有见到这方面的资料。

也就是说，辽太祖诸弟死后并没有归葬德陵。究其原因，可能有以下两个方面：一是诸弟曾多次谋乱（六弟苏除外），且死于非命，即属于横死（安端虽然死于家中，但也因其子察割叛乱而死），按照当时的忠孝思想观念，诸弟可归入不忠不孝之列，自然是不能附葬于其父撒剌的德陵，其后人也受这一思想影响，没有附葬于他们的陵墓（即没有附葬祖茔）；二是辽德陵在辽祖州（见上文辽德陵节），而祖州是辽太祖的陵园所在，以几兄弟生前的“不忠不孝”行为肯定是不能葬在祖州的。

总之，从目前辽墓发掘情况来看，辽太祖诸弟死后并没有附葬于他们的父亲撒剌的德陵，而是分葬于各地，而耶律习涅墓地当是老二剌葛之子耶律鲁不古的家支墓地，出现这样的情况，显

辽代韩元佐墓志

辽代白釉扭索提梁式鸡冠壶

然与诸弟生前三番五次叛乱夺权、死于非命有关系。

习涅家族墓地的发现，说明今巴林左旗乌兰达坝（即辽代赤山）一带在辽代时是阿保机二弟剌葛家支的领地，剌葛在契丹建国初期便在这里建筑了私城——乌州（见上文乌州节），后来虽然因为他与诸弟叛乱夺权失败逃到中原而致使乌州被政府收没，但因其子鲁不古在辽世宗朝官至于越王、兵马大元帅之显职，得以重新据有父亲剌葛的领地，并将其继续占为自己家支的领地，一直到辽亡。

七、萧兴言墓

萧兴言墓位于巴林左旗林东镇王家沟村的山谷中。2000年发现此墓时已经被盗，仅从淤泥中清理出两盒墓志，得知此墓为萧兴言夫妻合葬墓，墓址南距辽上京城遗址30余华里。

辽代石棺

萧兴言墓的发现及其墓志（以下简称《言志》）的出土，为我们了解辽代初期居住于巴林左旗的萧氏家族情况提供了有益资料。

上文已经提及契丹建国后的葬俗受中原葬俗影响，其中一个显著特点，便是“落叶归根”，即人死后一般都要归葬祖源地、附先茔。《言志》称萧兴言“果于大安三年（1987年）六月十九日疾而薨……妻氏郡主夫人等自塞下辇其尸之西楼潢水北三十里嵩山之阳有巨岗，名之曰盘龙岗。率工开发，为之茔垒”。即萧兴言死于西北军中，他的妻子用车将其尸体拉回到上京皇都附近安葬。萧兴言死于乌古敌烈统军使任上，其地距上京皇都千里有余，萧兴言之妻为什么要把丈夫的尸体拉回到上京附近安葬呢？很显然，上京皇都地区肯定是萧兴言的祖籍地或先茔所在地，所以死后才要千里迢迢地将尸体归葬在这里。但是，上京皇都地区是辽廷皇族耶律氏所在迭剌部人的祖籍地，怎么又成了萧兴言的祖籍地或先茔所在地了呢？唯一的解释就是萧兴言家族

与耶律氏家族有着密切的关系，也世代生活在上京皇都地区。

关于萧兴言家族所属部落，《言志》并没有提及，不过我们可以通过《言志》对照《辽史》找到一些线索。

《言志》称萧兴言"曾祖讳云实，宰相、尚书令、赠守政事令、驸马都尉。始，妻以照国公主，卒。继之魏国大长公主……祖讳乌咽里，驸马、大王、招讨使。有二妻：赛哥公主、钵国娘子……皇考讳恭，北宰相兼侍中、燕京统军使……恭之妻别胥……公即别胥之中男也。"

经考证，萧兴言曾祖云实即萧海璨，祖乌咽里即萧图玉，两人《辽史》均有传。

《辽史·萧海璨传》载"萧海璨，字寅的哂（与《言志》中云实谐音），其先遥辇氏时为本部夷离堇；父塔列，天显间为本部令稳……（萧海璨）天禄间，娶明王安端女蔼因翁主（即《言志》中照国公主）。应历初，察割乱，蔼因连坐，继娶嘲瑰翁主（即《言志》中魏国大长公主，辽太宗之次女）。上以近戚，嘉其勤笃，命

萧兴言汉文墓志拓片

预北府宰相选。顷之，总知军国事。……年五十卒。"

《辽史·萧图玉传》载"萧图玉，字兀衍（与《言志》中乌咽里谐音），北府宰相海璨之子。……迁乌古部节度使……诏尚金乡公主（辽圣宗十三女赛哥），拜驸马都尉。"

从中不难看出，《言志》与《辽史》萧海璨、萧图玉父子本传基本一致，但《言志》和本传都没有提及萧兴言家族属于哪一部落。

《言志》关于萧兴言先祖情况说得很简略，"自先数世，咸建巨功，遗风馀烈，国史存焉。"是说萧兴言的先祖们曾建立过巨大功勋，其后人继承先祖的遗风，也屡有建树，有关情况存档于辽廷史馆中，但也没有指出其家族属于哪一部落。

《言志》在提到萧兴言父亲时说"皇考讳恭，北宰相兼侍中、燕京都统军。"这是《言志》中最有价值的资料，为我们考证其家族所属部落提供了线索。萧恭虽然《辽史》中无传，但我们可以通过这一资料在《辽史》中寻找到此人。

萧兴言在兄弟三人中行二，病逝于辽大安三年（1087年），享年56岁，由此推算其出生于辽重熙元年（1032年），其父萧恭担任"北宰相兼侍中、燕京都统军"等职也必在这一时期。这一时期包括辽兴宗朝24年，辽道宗朝32年，这半个多世纪正是拔里氏国舅帐少父房最辉煌时期，辽廷北南院枢密使、北南府宰相等四要枢之职几乎被拔里氏国舅帐萧氏诸兄弟所把持，其他人涉及这些要职的屈指可数。检《辽史·纪》，在这半个多世纪里，担任辽廷北府宰相一职的人有15人，其中14人是萧孝穆、萧孝友等兄弟及家族

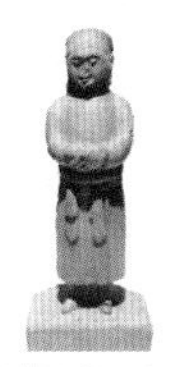

外戚的专设机构——大国舅司

有辽一代，由于皇族与后族世代通婚，所以后族也称国舅帐。后族初分二帐，即审密氏族所分的拔里家族和乙室已家族，谓二审密。大国舅司在辽初主要掌管国舅拔里和乙室已二帐之事，设有乙室已国舅大翁帐常衮、乙室已国舅小翁帐常衮；拔里国舅大父帐常衮、拔里国舅少父帐常衮等官职。辽太宗以"皇太后父族及母前夫之族并为国舅"，从此述律家族正式被尊为国舅帐了，辽代九君除穆宗的皇后意外，其余都出自述律家族。

人，另外1人叫萧塔列葛。

萧塔列葛《辽史》有传，其传载"萧塔列葛，字雄隐，五院部人。八世祖只鲁，遥辇氏时尝为虞人。唐安禄山来攻，只鲁战于黑山之阳，败之。以功为北府宰相，世预其选。塔列葛仕开泰间，累迁西南面招讨使（根据《辽史·本纪》，应为西北路招讨使）。重熙十一年（1042年），使西夏，论伐宋事，约元昊出别道以会。十二年，改右夷离毕、同知南京留守，转左夷离毕，俄授东京留守，以世选为北府宰相，卒。"

《辽史·兴宗本纪》关于萧塔列葛的任职情况有"（重熙）十九年（1050年）……十二月丁亥，北府宰相、赵王萧孝友出为东京留守，东京留守萧塔列葛为北府宰相"。"（重熙）二十一年（1052年）……十二月戊戌，以北府宰相塔烈（列）葛为南京统军使"。

结合《辽史·兴宗本纪》及萧塔列葛本传，可知萧塔列葛最后的官职是由北府宰相转任南京统军使（即《言志》中的燕京都统军）。

《言志》称萧兴言父亲萧恭"北宰相兼侍中、燕京都统军"正与萧塔列葛的情况相符。因此，笔者认为，此萧塔列葛就是萧兴言的父亲萧恭（汉名）。

《辽史·萧图玉传》载"子，双古，南京统军使。孙讹笃斡，尚三韩郡王合鲁之女骨浴公主，终乌古敌烈部统军使，以善战名于世"。《言志》称萧兴言"三室一女，无子，一侄。室之大者曰永宁郡主，即三韩大王、韩国妃之女也。"三韩大王即《萧图玉传》中的"三韩郡王合鲁"（简称三韩王）是辽圣宗三弟耶律隆裕之次子，一名合禄，汉字宗范，封三韩郡王。由此可知，萧图玉本传中的"孙讹笃斡"即萧兴言，讹笃斡是萧兴言的字或契丹名，双古为萧兴言之父，其职南京统军使与《言志》中萧恭职一样，应为一人。由此推知，萧兴言父亲萧恭，亦叫萧双古，同时也叫萧塔列葛，一人多名。

《辽史》中还有两处提到萧双古，其一《辽史·表》有辽圣宗第六女钿匿下嫁给萧双古为妻；其二《辽史·逆臣传》有"萧迭里得，字胡睹堇，国舅少父房之后。父双古，尚钿匿公主，仕至国舅详稳。"很明显，此"萧双古"与萧图玉子萧双古并非一人。

关于萧塔列葛（即萧恭、萧双古）出生及卒年，史籍中没有记载，但我们可以从他出仕于辽开泰年间推算出其出生的大约时间。开泰是辽圣

辽墓出土木棺

辽墓壁画

宗年号，共使用十年。如果以萧塔列葛在辽开泰十三年（1015年）左右出仕，时年25岁左右来推算，他应该出生在辽景宗乾亨年间（979年至982年）。萧图玉在辽统和初年出仕，从年龄上讲，两人父子关系成立；萧兴言出生于辽重熙元年（1032年），萧塔列葛时年不到40岁，两人的父子关系也成立。

通过以上考证，我们可以得出以下结论，萧兴言之父萧恭，亦叫萧双古、萧塔列葛，其家族属于五院部，即耶律氏皇族所在的迭剌部。

那么，萧兴言家族是怎么进入耶律氏皇族所在的迭剌部的呢？萧塔列葛传中“八世祖只鲁，遥辇氏时尝为虞人。唐安禄山来攻，只鲁战于黑山之阳，败之。以功为北府宰相，世预其选”的记载，给了我们答案。

关于这次战役，《辽史·表》中也有记载，大致情况是安禄山为了邀边功，于唐天宝四年（745年）发兵攻打契丹，时值阿保机的四世祖耨里思为迭剌部夷离堇，率领契丹兵马在潢水（今西拉沐沦河）南将安禄山击败。萧塔列葛的先祖只鲁时为虞人，也参加了这次战役，并因功被提拔为北府宰相，家族还获得了世选北府宰相的特权。

虞人，在古代是管理山林草木鹰鸟之官，萧塔列葛的先祖只鲁以虞人身份跟随辽太祖四世祖耨里思出征，说明其是耨里思家族所在的迭剌部的虞人，即为耨里思家族管理山林草木之人，亦即耨里思家族的“仆人”。因其在与安禄山的战役中战功卓著，被“破格”提拔为北府宰相，其家族因之跻身于契丹社会显贵阶层，但其家族“仆人”身份并没有改变，还不能脱离迭剌部。不过，因只鲁位居北宰相之显位，其家族虽然仍为迭剌部耶律氏家族的仆人，却得以与耶律氏通婚，享受到世与耶律氏通婚的拔里氏和乙室已两显贵部族才有的特权。随着时间的推移，萧塔列葛家族通过与耶律氏通婚，两家族的亲缘关系越来越近，其家族势力也有增无减，在辽太祖建国后，这个家族仍然保持着强势的地位。辽太祖建国后将迭剌部一分二，其四世祖耨里思有四子，次子即阿保机曾祖萨剌德一支列为一帐三父房皇族，长子洽慎一支列为五院皇族，三子葛剌、四子洽礼两族列为六院皇族，只鲁家族即萧塔列葛家族被分别分在了五院部和六院部皇族中。

《辽史》共为304人立传，其中属于五院、六

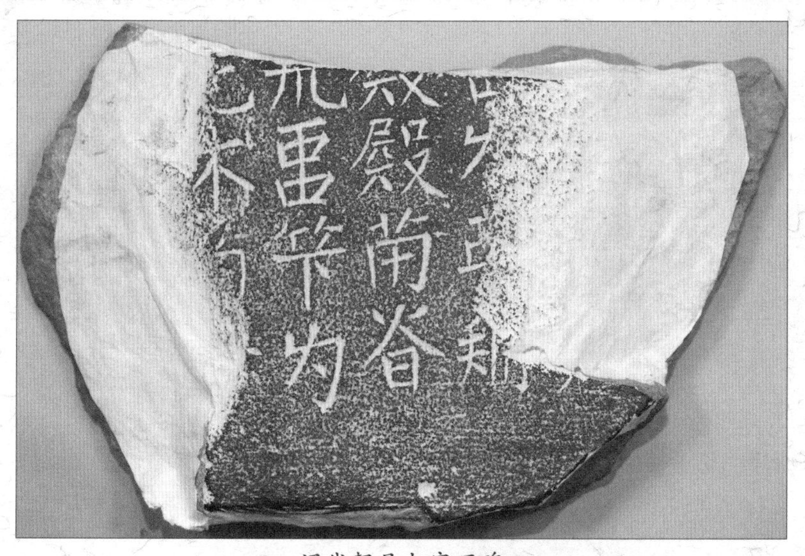

辽代契丹大字石碑

院（即原迭剌部）部萧氏家族的有9人。这几人的情况是：萧痕笃，字兀里轸，迭剌部人，其先相遥辇氏，辽太祖朝出任北府宰相；萧海璆，字寅的哂，其先遥辇氏时为本部夷离堇，辽穆宗朝娶辽太宗女为妻，任北府宰相；萧塔列葛，字雄隐，五院部人，其先为遥辇氏北府宰相，辽兴宗朝任北府宰相；萧塔剌葛，字陶哂，六院部人，辽世宗舅舅，辽世宗朝任北府宰相；萧迂鲁，字胡突堇，五院部人，其父历官节度使，辽道宗朝任南京统军都监、东北路统军都监；萧铎卢斡，字撒板，萧迂鲁之弟，辽道朝任北院知圣旨事；萧图玉，字兀衍，娶辽圣宗女为妻，拜驸马都尉，辽圣宗朝任乌古部节度使、总领西北路军事；萧素飒，字特免，五院部人，辽道宗朝任北院林牙、南院副部署；萧兀纳，一名挞不也，字特免，六院部人，辽道宗朝任北府宰相、南院枢密使。

如果对以上9人基本情况进行分析，就不难发现其中的共同点。一是除萧海璆、萧图玉父子外，其他7人都明确说明是五院部或六院部即迭剌部人；二是这9人的名或字有相同或音近之处，如萧痕笃（字兀里轸）、萧海璆（字寅的哂）、萧塔列葛（字雄隐）、萧塔剌葛（字陶哂）、萧图玉（字兀衍）五人的字音近；萧素飒（字特免）、萧兀纳（辽特免）二人的字相同；萧兴言的字讹笃斡与萧铎卢斡音近；萧痕笃和萧图玉的字与萧兀纳的名中都有“兀”字等；三是这些人的先祖或在遥辇时为北府宰相或为本部夷离堇或节度使或令稳。夷离堇、节度使、令稳都是辽太祖建国后的官名，实际就是原来部落的首领，而“本部”并非契丹大部，而是指大部中的小部，亦即指大部落所辖的石烈，如五院部和六院部各下辖四个石烈，这些石烈的首领也称“夷离堇、节度使、令稳”，因是小部没有部名，所以只称“本部”，也就是说，这些人先祖担任的所谓“本部夷离堇”等，是指五院部和六院部下辖石烈之首领。

通过以上分析，我们可以得出以下结论：迭剌部中的萧氏家族，应该出于同一祖先，这一祖

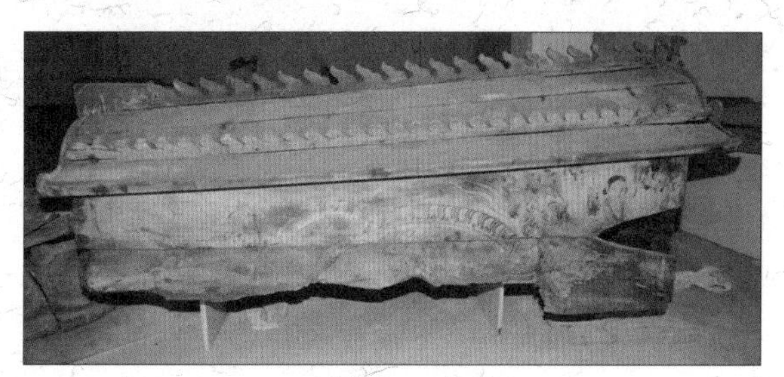

辽墓出土木棺

先在迭剌部组成时是耶律氏家族的仆人（并非奴隶），其后裔世为迭剌部耶律氏家族的仆人，与耶律氏家族居住在一些，后因某个英雄人物的出现（如萧塔列葛八世祖只鲁），改变了其家族的命运，其家族虽然仍是耶律氏皇族的仆人，但却得以与耶律氏皇族通婚，通过这种通婚，其家族又得以在辽廷位居显官，跻身于辽廷显贵之列。萧兴言家族便是这一家族中的一个分支。

这里需要说明一点，萧海璆本传称其父塔列在世宗朝为本部令稳，而上述9人中有一人在世宗朝为北府宰相的萧塔剌葛，即辽世宗的舅舅，是六院部人，与萧海璆父“塔列”音近，是否是一人，不得而知。不过，这个萧塔剌葛不是一般的人，其叔祖名叫台哂（与萧痕笃、萧海璆、萧塔列葛、萧图玉的字音近），是杀害辽太祖三伯父于越释鲁的凶手之一，其家支因此而被籍为奴隶，但仍保持着与耶律氏皇族通婚的特权。辽王朝开国太子耶律倍便娶了这个家族的女人萧氏为妻生辽世宗，辽世宗即位后将舅族免除奴隶身份，并从本部族中独立出来升为国舅别帐，以娘舅萧塔剌葛为敞史领之，后又提升为北府宰相。

萧兴言妻永宁郡主契丹大字墓志拓片

打谷草

指古代北方游牧民族纵马南下劫掠中原的行动。因经济和气候原因，游牧民族在水草不肥或青黄不接之际，常常组织军马进入中原抢夺一番，然后策马北归。“打谷草”这种非常态化行径，严重破坏了中原百姓生产和生活的秩序，而且对于游牧民族的处境也不会有显著的促进作用。“打谷草”尤以辽代契丹兵为最盛，契丹凭借占有的燕云十六州，动辄南下。因宋王朝失去了地域游牧民族的有利屏障，往往只能被动挨打，而且契丹凭借起兵优势来如影子、去如风，等到宋兵闻讯赶到辽兵劫掠处，契丹兵早已不见踪迹。

也就是说，辽廷国舅别帐出自迭剌部的萧氏家族。从这一点来说，萧兴言家族有可能也属于国舅别帐之族。

终辽一世，国舅别帐在三国舅帐中始终处于弱势，没有出过皇后。究其原因，有可能就是因为国舅别帐原来是“仆人”地位，其家族女人只能嫁给皇族或为妃或为妾（处于偏室之位），很难入主后宫。辽世宗的母亲萧氏嫁给太子耶律倍为妻生下长子辽世宗，但在耶律倍被任命为东丹王后，萧氏也并没有被册封为东丹王妃，就是一个显著的例子。

不过，迭剌部的萧氏家族虽然没有出过皇后，但却是皇权的忠实维护者，往往在辽廷皇权受到威胁时发挥特殊的作用。我们可以从《辽史》立传的9人事迹中窥视一二。

萧痕笃，其本传有“既践阼，除北府宰相”的记载，也就是说萧痕笃在阿保机担任契丹可汗后便出任了北府宰相，说明他是在特殊形势下担任这一职务的。

阿保机代遥辇氏为可汗（907年），必然要遭

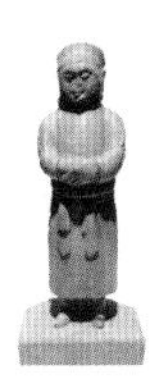

到遥辇氏显贵们的反对，同时也会引起契丹诸部显贵对汗权的觊觎之心。在这种形势下，阿保机为了巩固汗权，需要起用一些忠于自己的人。根据《辽史》记载，阿保机即位契丹可汗时的北府宰相是萧辖剌，此人当是遥辇氏时代的宰相。阿保机即位可汗后为了控制北南宰相府，有意让妻子述律平家族及皇族的人来担任北南两府宰相，自然会遭到遥辇氏时代显贵们的反对，在这种情况下，如果直接提拔妻子述律平家族人为北府宰相，肯定会激化矛盾。因此，阿保机便起用祖先曾担任过北府宰相之职的萧痕笃代替萧辖剌担任了北府宰相，过渡四年后（910年），才用述律平之兄长萧敌鲁担任了北府宰相，从而实现了北府宰相之权平稳过渡到妻子述律平家族手中的目标。

萧塔剌葛，六院部人，辽世宗亲娘舅，辽世宗即位后，为了打压述律家族巩固皇权，大力培植自己的势力，措施之一便是免除自己的舅族奴隶身份，并从本部族中独立出来，升为国舅别帐，由娘舅萧塔剌葛领之，不久又提拔为北府宰相。时安端之子察割夺取皇位之心昭然若揭，萧塔剌葛不仅对其严加防范，而且还经常警告察割不要自取其祸，遗憾的是由于辽世宗因察割曾帮助自己打败祖母述律平，对其信任有加而不加防范，最终让察割得手，不仅自己被杀，萧塔剌葛也罹难其中。

萧海瓈，在辽世宗朝娶明王安端之女蔼因翁主为妻，蔼因后因参与兄长察割杀害辽世宗事件被杀，萧海瓈因没有参与谋反而保全自身。辽穆宗即位后的形势并不乐观，由于其嗜酒好猎不理朝政，加之辽世宗朝的一些权贵对其不满，促使那些觊觎皇权之人屡屡起来谋反。辽穆宗为了稳定皇权自然要起用自己放心的人，而萧海瓈因没有参与大舅哥察割的叛乱事件，从而得到辽穆宗的赏识，不仅将自己的姐或妹嫁给萧海瓈为妻，而且提升其为北府宰相，接着又让其总知军国事，把整个国家都交给萧海瓈来管理。应该说，辽穆宗朝不断发生谋反案件，而辽穆宗却稳坐龙椅，与萧海瓈是分不开的。辽应历十七（967年5月）萧海瓈病逝，一年多后（969年2月）辽穆宗便被仆人所杀。

萧图玉，辽景宗病逝后（982年），萧燕燕母子虽然接过了辽廷权柄，但却处于“母寡子弱、族属雄势、边境未靖”的危局之中，形势并不容乐观。在这种形势下，母子两人迫切需要提拔一批忠于皇权的人来扶持自己。萧图玉因与萧燕燕是两姨姐弟的关系，被萧燕燕选中出仕并被任命为乌古部都监，指挥部队征讨西北叛部，一直到辽开泰年末（1018年左右）才以老从西北军中退休。在这近40年的时间里，萧图玉作为辽廷西北军中的主要军事将领，对平定西北诸部叛乱、维护辽西北地区稳定发挥了巨大的作用，从而减轻了辽廷来自西北边境的军事压力，把更多的精力投入到对北宋、高丽、女真的战争中，并最终与北宋签订了“澶渊之盟”（1004年），实现了南

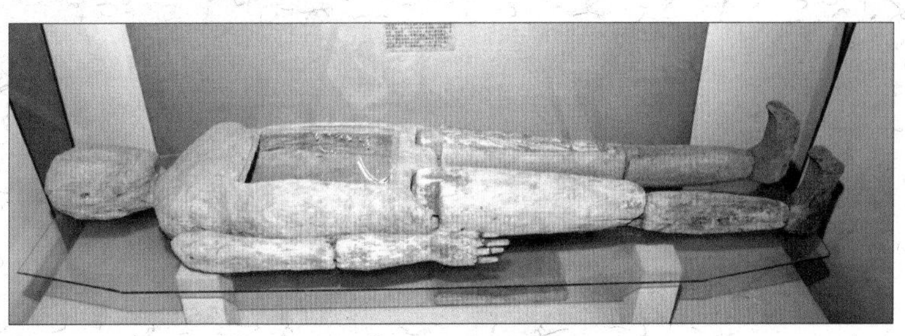

辽墓出土真容木偶雕像

北和平。

萧塔列葛（即萧恭、萧双古、萧兴言之父），辽圣宗朝后期由于齐天皇后无有子嗣，国舅少父房的元妃萧耨斤生下辽兴宗，从而使国舅少父房重新崛起。辽圣宗病逝（1031年）后，元妃萧耨斤杀死齐天皇后强行摄政，萧氏诸兄弟把持朝政。辽兴宗为了摆脱萧氏握政的局面，开始培植忠于皇权的势力以抗衡萧氏诸弟的势力，萧塔列葛家族被选中而得到重用，萧塔列葛更是担任了北府宰相之职。在辽兴宗朝及辽道宗朝前期的半个多世纪里，辽廷北府宰相一职始终由萧氏诸兄弟把持，期间其他家族只有萧塔列葛1人担任过这一职务。

萧兀纳，辽道宗朝初期开始出仕，累官至北院宣徽使。耶律乙辛杀害皇后和太子后，又想立辽道宗之侄耶律淳为皇储，以排斥皇孙耶律延禧，时朝中大臣害怕耶律乙辛的权势都不敢站出反对，只有萧兀纳挺身而出当众戳穿了耶律乙辛的阴谋；耶律乙辛接着又想谋害皇孙耶律延禧，又是萧兀纳揭穿耶律乙辛阴谋救了皇孙一命。耶律乙辛倒台后，萧兀纳的忠君之心彻底显现出来，被提拔为北府宰相、南院枢密使，同时被辽道宗亲自点为皇孙耶律延禧的老师。但是，耶律延禧继承皇位后，对老师萧兀纳曾经对自己的严格要求记恨在心，不仅免去萧兀纳北府宰相之职，而且还将其贬出朝堂。萧兀纳并没有因为自己被免职和贬出朝堂而记恨皇帝耶律延禧，而是仍然心系国家，多次上书建议对女真部加以防范和及早解决女真问题。遗憾的是天祚帝耶律延禧对此置若罔闻，大辽王朝也最终被女真人灭亡。

通过以上几人的事迹不难看出，迭剌部的萧氏家族是皇权的忠实维护者，在辽廷皇权受到威胁或国家危难时能够挺身而出、伸手相救。正因为此，这个家族虽然没有产生过皇后，却始终与耶律氏皇族保持着通婚关系，成为与拔里氏和乙室已二国帐不相上下的后族世家大族。

综上而言，辽代的巴林左旗大地上，游牧着两大家族，一个是耶律氏皇族，一个是迭剌部的萧氏家族，前者是主人，后者是仆人，萧兴言家族是迭剌部萧氏家族中的一个分支，世为耶律皇族的奴仆，与耶律氏皇族游牧在一起，因此，死后“落叶归根”，千里迢迢地归葬于祖籍地——巴林左旗。

这里还有一个值得探讨的问题，那就是萧兴言为什么没有附葬先茔？究其原因，可能有以下两点：一是萧兴言家族没有祖坟。辽代等级制度是非常严格的，仆人和奴隶的命运是掌握在主人手里的，生前与主人生活在一起，死后有可能也要随主人而葬，即陪葬（并非殉葬），从而没有家族墓地。二是萧兴言没有子嗣。在封建社会里，无嗣是一个非常“忌讳”的问题，死后是不允许入祖坟的，我国北方某些地区现今仍然遗存着这种风俗。

另外，《言志》还印证了西楼及潢水都是上京的同义词。《言志》载“妻氏郡主夫人等自塞下辇其（萧兴言）尸之西楼潢水北三十里嵩山之阳有巨岗，名之曰盘龙岗。率工开发，为之茔垒。”萧兴言墓正在辽上京城遗址北三十里处，从而证明辽代时西楼和潢水都能指代上京皇都的同义词。

后 记

这本书是作者多年来阅读《辽史》的心得，同时也想为家乡发展契丹辽文化产业尽一点微薄之力。

《辽史》在二十四史中错讹最多，这已经是史学界的共识。即便如此，《辽史》仍然是我们研究契丹辽王朝历史的第一手史料。其实任何事物都是一分为二的，正是《辽史》的这种欠缺，给了我们更多的研究和思维空间，使我们可以充分发挥想象力，去遐想千年前契丹人的故事，这也正是作者喜欢阅读《辽史》之所在。

巴林左旗作为辽上京故地，是契丹辽文化发源地，发展契丹辽文化产业具有得天独厚的优势。这里的每一座山、每一条河都留下了契丹人的足迹和记忆，这里的每一座辽城遗址、每一件辽代文物都蕴含着契丹人的智慧、传承着契丹人的文明。这些都是契丹人留给我们的丰厚遗产，是我们所独有的契丹辽文化资源。发展契丹辽文化产业，需要发掘和研究这些契丹辽文化资源，从中提炼契丹辽文化元素和符号，释放正能量，让更多的人知道契丹人的故事，了解契丹辽文化内涵，营造契丹辽文化氛围，这便是作者撰写本书的初衷。

本书以《辽史》为第一手史料，参考和采纳了一些古今契丹辽史专家学者的研究成果，其中一些观点是作者一家之言，如辽祖州石室为辽德陵、辽代有永州和祖州两座木叶山、韩知古被述律平所杀等，意在抛砖引玉。

巴林左旗政府副旗长刘长学、原巴林左旗政府副旗长赵新华、原巴林左旗辽文化办公室主任潘海军对本书提出了建设性意见；巴林左旗辽上京博物馆馆长李建奎、巴林左旗统战部副部长王世明提供了图片资料，巴林左旗档案局任久奎对本书部分图片进行了初步处理，在此谨致谢意。

作 者

2013 年 3 月 25 日于辽上京

参考书目

1.《辽史》（元）脱脱撰著；

2.《中国历史·辽史》李锡厚著；

3.《五代史话》沈起炜著；

4.《契丹国志》（宋）叶隆礼著；

5.《旧五代史》（宋）薛居正撰著；

6.《新五代史》（宋）欧阳修撰著；

7.《中国边疆经略史》马大正主编；

8.《辽史、金史、元史研究》瞿林东主编；

9.《资治通鉴》（宋）司马光著；

10.《白话续资治通鉴》（清）毕沅著；

11.《简明中国历史地图集》谭其骧主编；

12.《渤海国史话》黄斌、黄瑞、黄明超著；

13.《大辽国史话》黄斌著；

14.《大金国史话》黄斌、刘厚生著；

15.《辽代契丹本土风貌》任爱君著；

16.《辽代后妃参政现象考略》孟凡云、陶玉坤著；

17.《大契丹国》（日）岛田正郎著；

18.《辽代政权机构史稿》何天明著；

19.《临潢集》李锡厚著；

20.《辽金简史》李桂芝著；

21.《辽宫英后》顾宏义著；

22.《契丹帝国传奇》承天著；

23.《北疆通史》赵云田主编；

24.《辽史地理志汇释》谭其骧主编；

25.《辽宋西夏金代通史》漆侠主编；

26.《梦溪笔谈》（北宋）沈括著；

27.《契丹开国皇后》杨军著；

28.《辽太祖阿保机的耶律家族》李强著；

29.《辽夏金元史徽·辽朝卷》张久和编著；

30.《漫话辽中京》乌成荫著；

31.《临潢史迹》曹建华、金永田主编；

32.《大辽韩知古家族》何振祥、曹建华主编；

33.《世家大族与辽代社会》王善军著；

34.《中国古代北方民族通论》林干著；

35.《东胡史》林干著；

36.《松漠之间》刘浦江著；

37.《赤峰历史与考古文集》项春松著；

38.《辽史纪事本末》（清）李有棠撰；

39.《辽上京研究论文集》王玉亭主编；

40.《首届辽上京契丹·辽文化学术研讨会论文集》；

41.《中韩第三届“宋辽夏金元史”国际学术研讨会论文集》；

42.《赤峰文物古迹博览》苏赫、乌国政主编；

43.《辽中京历史文化研究》吴京民主编；

44.《辽庆州白塔文物志略与纪闻》韩仁信著；

45.《巴林右旗文史资料》（第五辑）穆松编；

46.《巴林左旗志》；

47.《阿鲁科尔沁旗志》。